Leben durch
Lichtnahrung

Michael Werner
Thomas Stöckli

Leben durch
Lichtnahrung

Der Erfahrungsbericht
eines Wissenschaftlers

Mit einem Beitrag von
PD Dr. med. Jakob Bösch

AT Verlag

Wichtiger Hinweis
Wir weisen ausdrücklich darauf hin, dass mit diesem Buch keinerlei Empfehlung für Nachahmungsversuche gegeben wird, da Experimente mit »Lichtnahrung« anstelle von regulärer Nahrungsaufnahme mit riskanten Folgen verbunden sein können. Die Absicht dieses Buches ist in erster Linie zu informieren und zu dokumentieren. Der Verlag und die Autoren lehnen jegliche Haftung für allfällige Schäden, die direkt oder indirekt durch die in diesem Werk enthaltenen Informationen entstehen könnten, ab.

Sofern namentlich nicht weiter gekennzeichnet,
stammen die eingestreuten Kernsätze von Michael Werner.

2. Auflage, 2005

© 2005
AT Verlag, Baden und München
Umschlagbild: AZ Print, Aarau
Fotos Seite 36, 37, 42 © M. Werner, Seite 79 und 166 links © J. Buess
Lithos: AZ Print, Aarau
Druck und Bindearbeiten: Kösel, Krugzell
Printed in Germany

ISBN 3-03800-229-1

www.at-verlag.ch

Inhaltsverzeichnis

6	Vorwort
	von PD Dr. med. Jakob Bösch
12	Einleitung
	Wer ist Michael Werner?
14	Gegen jedes Glaubensdogma – für eine kritische und zeitgemäße Wissenschaft
27	Das Hauptanliegen: Die Durchführung seriöser wissenschaftlicher Studien
28	Der persönliche Bericht über den Verlauf der Fallstudie
46	Vorläufiges Fazit von Michael Werner zu der Studie
48	Kritische Reflexion des Experiments
49	Michael Werner und die Lichternährung im Spiegel seiner Vorträge
54	Der Vortrag
64	Fragen aus der Zuhörerschaft zum Thema
91	Über den 21-Tage-Prozess
98	Nahrungslosigkeit gestern und heute
98	Ein kurzer historischer Überblick und erste wissenschaftliche Erklärungsversuche
101	Bekannte historische und aktuelle Beispiele
116	Weitere Erfahrungsberichte zum 21-Tage-Prozess
152	Anregungen und Verständnishilfen aus der Tiefenpsychologie
155	Licht und Nahrung – ein Blick in die Kulturgeschichte
161	Zum Ausklang
163	Nachwort
166	Zu den Autoren
167	Literaturverzeichnis

Vorwort
PD Dr. med. Jakob Bösch

Die im süddeutschen Konnersreuth 1898 geborene Therese Neumann hörte noch vor ihrem dreißigsten Lebensjahr auf zu essen und zu trinken. Sie nahm nur den »8. Teil einer kleinen Hostie und täglich ungefähr 3 Kubikzentimeter Wasser [zum Schlucken der heiligen Hostie]« zu sich und hielt diesen Verzicht auf Nahrung und Flüssigkeit während 35 Jahren bis zu ihrem Tode aufrecht (Steiner 1977). Da sie gleichzeitig stigmatisiert war, das heißt die sogenannten Wundmale Christi aufwies, erregte sie bald großes Aufsehen in der Öffentlichkeit. Das veranlasste den zuständigen Bischof in Regensburg, sie einer strengen Beobachtung und Besuchsregelung zu unterwerfen. Unter anderem mussten sich vier unbescholtene Ordensfrauen eidesstattlich verpflichten, Therese Neumann während einer 15-tägigen Beobachtungszeit im Juli 1927 ununterbrochen zu zweit zu überwachen und sie keine Sekunde aus den Augen zu lassen. Sie durften die Frau nur mit einem angefeuchteten Lappen »waschen«, und in ihrem Zimmer durfte keinerlei Nahrung oder Flüssigkeit aufbewahrt werden. Die vier Ordensschwestern sagten unter Eid aus, dass die Beobachtete während der 15 Tage außer dem erwähnten Krümel einer Hostie und den drei Kubikzentimetern Wasser keinerlei Nahrung oder Flüssigkeit aufgenommen habe.

Bei Beobachtungsbeginn wog Therese Neumann 55 Kilogramm; am ersten Freitag, als die Wundmale bluteten, verlor sie 4 Kilogramm, und im Laufe der folgenden Woche erholte sich das Gewicht ohne Flüssigkeits- und Nahrungszufuhr wieder auf 54 Kilo. Der gleiche Vorgang wiederholte sich in der zweiten Beobachtungswoche, und bei Abschluss der Beobachtungszeit wog Frau Neumann wieder 55 Kilogramm.

Für die ärztliche Überwachung und Beurteilung der Untersuchung wurde nicht nur ein Sanitätsrat verpflichtet, sondern ebenfalls ein reformierter Medizinprofessor der Universität Erlangen, der die Ergebnisse 1927 in der *Münchner Medizinischen Wochenschrift* Nr. 46 veröffentlichte. Sowohl für die Nahrungslosigkeit wie für die Blutungen wurde Betrug als denkbare Ursache ausgeschlossen (Steiner 1977).

Nicht erst im 20. Jahrhundert war man zu kritischem Denken fähig, auch früher schon war man sich der Möglichkeit religiös motivierter Wahrheitsverkennung und Schwärmerei bewusst, die manche Menschen dazu verführen könnten, Betrug und Täuschung zu übersehen. Der Schweizer Nationalheilige Niklaus von Flüe (1417–1487), meist Bruder Klaus genannt, hat nach seiner erfolgreichen weltlichen Karriere als Bauer, Offizier und Politiker im Alter von fünfzig Jahren Familie und Hof verlassen und nach einer tiefgreifenden mystischen Erfahrung die folgenden zwanzig Jahre bis zu seinem Tod ohne Essen und Trinken gelebt. Schon damals nahm man das Phänomen der Nahrungslosigkeit nicht einfach unkritisch zur Kenntnis. Relativ fern von unserer gegenwärtig noch immer vorherrschenden materialistischen Weltanschauung standen doch viele Zeitgenossen der Nahrungslosigkeit des später heilig gesprochenen Niklaus skeptisch gegenüber. Man beauftragte deshalb eine Anzahl junger Männer, den Zugang zur Schlucht während eines Monats hermetisch abzuriegeln, um allfälligen heimlichen Schmuggel von Essen und Trinken insbesondere während der Nacht auszuschließen. Trotz dieser Überwachung ließen sich verschiedene bekannte Persönlichkeiten nicht von ihrer Skepsis abbringen. Ein Gesandter des Bischofs von Konstanz wollte auf eigene Faust Niklaus des Betrugs überführen, indem er ihn zum Essen zu zwingen versuchte. Um sich seinem geistlichen Herrn gegenüber gehorsam zu zeigen, versuchte der fromme Gottesmann tatsächlich zu essen. Da sich aber sein Organismus durch die lange Nahrungslosigkeit verändert hatte, endete der Versuch zu essen in einem Fiasko und einer Beinahekatastrophe, und der Geistliche aus Konstanz musste unverrichteter Dinge wieder abziehen. Ob er seine Überzeugung geändert hat, wird nicht berichtet (Hemleben 1977). Offenbar sind im Laufe der Geschichte aber auch immer wieder Betrügereien mit vorgetäuschter Nahrungslosigkeit aufgedeckt worden (Vandereycken 1992).

Für traditionell ausgebildete Naturwissenschaftler sind Fälle länger dauernder Nahrungslosigkeit und insbesondere das Fehlen von Flüssigkeitszufuhr auch heute noch ein Ärgernis und eine Provokation, hinter der sie nur Täuschung und unverantwortlichen Umgang mit der eigenen Gesundheit sehen können. Dadurch ist wohl am ehesten zu erklären, dass dieses wissenschaftlich hoch interessante Phänomen bisher nicht weiter erforscht wurde. Dabei wird uns von modernen Biophysikern bestätigt, dass beim Menschen sowieso drei Viertel der Energiezu- und -abfuhr über elektromagnetische Strahlung geschieht und dass die Energieversorgung über die Nahrung in diesem Sinne quantitativ eine eher untergeordnete Rolle spielt (Warnke 1997). Theoretisch wissen wir spätestens seit der Entwicklung der Quantentheorie, dass Licht und Materie im Grunde verschiedene Zustände des Gleichen sind. Und schon seit der Entdeckung der Photosynthese ist uns bekannt, dass mit Sonnenlicht aus CO_2 und H_2O Stärke, das heißt feste Materie beziehungsweise Nahrung hergestellt werden kann, auch wenn wir diesen Vorgang wissenschaftlich bis heute nicht in allen Einzelheiten verstehen. Bedenken wir weiter, dass die Einflussmöglichkeit des menschlichen Geistes auf belebte und unbelebte Materie wissenschaftlich zweifelsfrei nachgewiesen ist (Jahn 1996), dann müsste es eigentlich nicht mehr schwer fallen, die länger dauernde Nahrungs- und Flüssigkeitsabstinenz für prinzipiell möglich zu halten. Diese Voraussetzung muss sicher erfüllt sein, damit ernsthafte Forscher solche Vorgänge wie Nahrungs- und Flüssigkeitsverzicht wissenschaftlich unter die Lupe nehmen.

Durch den in diesem Buch beschriebenen wissenschaftlichen Versuch, der an einer Schweizer Universitätsklinik bei Michael Werner durchgeführt wurde, ist hoffentlich die Türe aufgestoßen zu einem Gebiet, das uns eine noch gar nicht abzuschätzende Menge an neuen wissenschaftlichen Erkenntnissen bringen kann. Allen Beteiligten gebührt Dank für ihre Aufgeschlossenheit, ihren Mut und ihre Beharrlichkeit. Es war ein Hindernislauf sondergleichen, von Ethikkommission, Verwaltung und anderen Instanzen die notwendige Erlaubnis zu erhalten. Und tatsächlich, wäre etwas schief gegangen, man wäre bestimmt mit Vehemenz gegen diese Verantwortungsträger vorgegangen.

Auch die Australierin Ellen Greve alias Jasmuheen, die Begründerin des sogenannten Lichtnahrungs- oder 21-Tage-Prozesses (Jasmuheen 1997 und 1998), hat den wissenschaftlichen Zorn über sich ergehen lassen müssen. Sie wurde nicht nur als Betrügerin hingestellt, sondern musste sich auch verschiedene gewichtige psychiatrische (Fern-)Diagnosen anhängen lassen, was sie allerdings ziemlich unbeschadet überstanden hat. Besonders nachdem aus Neuseeland von einem Todesfall während dieses 21-tägigen Prozesses berichtet wurde, liefen Medien und Mediziner Sturm. Während vorher möglicherweise manche Menschen tatsächlich zu wenig bedachtsam und vorsichtig mit dieser Art »Fasten« umgegangen sind, haben die Medienberichte vielleicht zu einem verantwortungsvolleren Umgang mit dem Lichtnahrungsprozess geführt. Die Aufregung dürfte allerdings weniger darauf zurückzuführen sein, dass möglicherweise unter den vermutlich Zehntausenden, die den Lichtnahrungsprozess durchmachten, einige wenige Todesfälle eingetreten sind; sonst müsste die gleiche Entrüstung beispielsweise über eine Vielzahl von Risiko-Sportarten herrschen, die ständig ein Vielfaches von Toten und eine Unzahl von Verletzten fordert. Zu bedenken gilt es auch, dass Todesfälle infolge falscher Ernährung mit zu viel und schädlicher Nahrung und Flüssigkeit um das Zehntausendfache bis Millionenfache häufiger sind, ohne dass deshalb auch nur im Entferntesten eine ähnliche Aufregung entstehen würde. Was Medien und medizinische Experten protestierend auf den Plan ruft, dürfte die Unvereinbarkeit eines solchen Prozesses mit unserem vorherrschenden Weltbild sein.

Ich selbst habe beinahe meinen Chefarzt-Posten verloren, nachdem bekannt wurde, dass ich den 21-Tage-Prozess durchgemacht und darüber geschrieben hatte (Jasmuheen 1998), ironischerweise erst fast drei Jahre nach dem Ereignis. Man wollte mich zwingen, öffentlich davor zu warnen und davon abzuraten. Dies hätte allerdings meiner wissenschaftlichen Erkenntnis diametral widersprochen und kam daher für mich nicht in Frage. Es spricht für die verantwortlichen Vorgesetzten, dass sie trotz Protesten von Kollegenseite mich schließlich auf meinem Posten beließen. Fast das Eindrücklichste an der ganzen Erfahrung ist für mich die Erkenntnis, dass in unserer scheinbar so aufgeklärten wissenschaftlichen Welt die Offenheit, grundlegende weltanschauliche Ansichten zu überprüfen und in Frage zu stellen, gegenüber der Zeit von Galileo nicht zugenommen, wahrscheinlich sogar eher abgenommen hat.

Das Phänomen der Nahrungslosigkeit hat mich seit Jahrzehnten fasziniert. Schon als Gymnasiast habe ich entsprechende Berichte von Yogis und Heiligen mit größter Leidenschaft gelesen. In meinem Inneren war ich schon immer fest davon überzeugt, dass diese Berichte stimmen und dass wir in unserem Welterkennen und in unserem Stand des wissenschaftlichen Bewusstseins einen Riesenschritt vorwärts machen, wenn wir diese Phänomene anerkennen. Die Berichte über menschlichen Verzicht auf Nahrung und Flüssigkeit haben mich als mögliche Botschaften für ein erweitertes naturwissenschaftliches und religiöses Weltbild, das aus der bedrückenden Gefangenschaft des zeitgenössischen Materialismus hinausführen könnte, aufgewühlt.

An einem Samstag im November 1997 entdeckte ich das Buch »Lichtnahrung« von Ellen Greve alias Jasmuheen (Jasmuheen 1997) in der Buchhandlung, las es noch am selben Wochenende durch und war – durch eine Reihe von Fügungen – am folgenden

Wochenende bereits Teilnehmer an einem Workshop von Jasmuheen. Schon bei der Lektüre des Buches war mir klar geworden, dass ich den Prozess machen würde. Was ich brauchte, war ein unmittelbarer Kontakt mit Jasmuheen, um zu hören und zu spüren, ob sie mit ihrer Botschaft vertrauenswürdig war, sowie die Aussagen von einigen »Normalsterblichen«, die den Prozess durchgemacht hatten und mir die Sicherheit geben konnten, dass ich mich nicht auf ein unverantwortbares medizinisches Experiment einließ. Meine Gewissheit, dass Nahrungslosigkeit grundsätzlich möglich ist, hieß noch nicht, dass ein solcher Prozess für Durchschnittsmenschen mit einer Durchschnittslebensweise risikolos und empfehlenswert war.

Trotz sehr mangelhafter Vorbereitung gestaltete sich das Umsteigen auf Nahrungs- und Flüssigkeitslosigkeit erstaunlich leicht. In den ersten Tagen war ich durch Erfahrungsberichte, die ich gelesen hatte, voreingenommen und erwartete eine zunehmende Schwäche. Dann realisierte ich, dass diese Schwäche sich bei mir nicht einstellte, sondern direkt in ein zunehmendes Gefühl von Leichtigkeit und Wachheit während des Tages und verkürztem Schlafbedürfnis während der Nacht mündete. Der Prozess wurde zum wohl intensivsten Erlebnis meines Erwachsenendaseins. Die zweite und die dritte Woche nahmen einen unerwarteten Verlauf. Viele alte Gefühle und Traumen, die ich mehr als 25 Jahre früher in meiner eigenen Therapie verarbeitet hatte und erledigt glaubte, kamen nochmals hoch. Dies meist in Form von körperlichen Schmerzen, Gefühlen, Verkrampfungen – hauptsächlich in der Bauchregion – und ähnlichem. Tägliche Heilbehandlungen durch die Heilerin Graziella Schmidt brachten mir immer wieder Beschwerdefreiheit und Wohlbefinden. Oft war ich der Meinung, aller alte Ballast dieser Gefühle sei von mir weggenommen, bis am nächsten Tag eine neue Welle hochkam. Ich erhielt nochmals eine ganz neue Einstellung zur Psychosomatik, indem ich an mir selbst erlebte, wie Dinge, die bereits verarbeitet scheinen und aus dem Bewusstsein mehr oder weniger verschwunden sind, im »Zellgedächtnis« noch vorhanden sein können, wo sie verbalen Aufdeckungs- und Therapiemethoden nicht zugänglich sind, jedoch den von uns noch wenig verstandenen Kräften einer Heilerin.

Während der ersten sieben Tage, also auch unter Flüssigkeitsverzicht und infolge des verminderten Schlafbedarfs tanzte ich meistens morgens zwischen vier und sechs Uhr ein bis zwei Stunden intensiv und voller Freude. Die Musik, die Bewegung und das zunehmende Gefühl körperlicher Leichtigkeit brachten mich dabei oft in einen beinahe ekstatischen Zustand von überwältigendem Glücksgefühl. In Kombination mit den alten aufsteigenden Gefühlen ergab sich ein ständiges Auf und Ab von zum Teil qualvollen wellenförmig auftretenden seelischen und körperlichen Schmerzen früheren Ursprungs und dem dazwischen immer wieder aufkommenden Gefühl von Leichtigkeit, Glück, Dankbarkeit und Demut. Der Humor der Heilerin und meine emotionale Leichtigkeit führten dazu, dass ich kaum je so viel gelacht habe wie während dieser drei Wochen.

Hat der Lichtnahrungsprozess eine gesellschaftliche Bedeutung? Sicherlich zurzeit kaum; jedenfalls nicht in dem Sinne, wie es Jasmuheen sich erhoffte, dass Menschen in armen Ländern mit Nahrungsmittel-Unterversorgung ihren Energiehaushalt umstellen und damit weniger von Nahrung abhängig sein könnten. Dies mag einmal in ferner Zukunft der Fall sein, hat für heute lebende Menschen aber höchstens theoretische Bedeutung.

Es geht zurzeit hauptsächlich darum, die Beschränkungen des wissenschaftlichen Denkens oder des Denkens über die Natur unserer Existenz überhaupt zu erweitern. Der schnelle Wandel des gesellschaftlichen Bewusstseins, den wir erleben, bildet den Hintergrund, auf dem auch das im Buch diskutierte Phänomen seinen Platz erhält. Damit kann es einen Mosaikstein bilden in der Ausstattung des langen Weges des Menschen zurück zu Gott beziehungsweise zurück zur Erkenntnis seiner grundsätzlich göttlichen Natur.

Einleitung

Wer ist Michael Werner?

Michael Werner, geboren 1949 in Braunschweig, Deutschland, lebt in der Nähe von Basel. Er ist promovierter Chemiker Dr. rer. nat. und seit siebzehn Jahren Betriebsleiter eines pharmazeutischen Forschungsinstituts in Arlesheim. Er ist mit einer Lehrerin verheiratet und hat drei Kinder im Jugendalter. Michael Werner war früher jahrelang in der chemischen Industrie tätig, unter anderem in Südafrika, und arbeitete auch drei Jahre lang als Chemie- und Biologielehrer an einer Waldorfschule in Deutschland.

Seit Januar 2001 lebt Michael Werner ohne Einnahme von fester Nahrung und hat dabei auch über längere Zeit – bisherige Versuche erstreckten sich bis auf zehn Tage – vollkommen auf die Einnahme von Flüssigkeit verzichtet.

Ich kenne Michael Werner seit nunmehr drei Jahren und pflege mit ihm regelmäßig persönlichen Kontakt. Ich kenne seine Familie, sein Zuhause, seine Arbeitskollegen, und ich beobachtete ihn in dieser Zeit mit wachsendem Interesse. Denn meine Fragen sind inzwischen nicht kleiner geworden. Was bei ihm irritiert: Bis auf die Tatsache, dass er nichts zu essen braucht und dies auch konsequent praktiziert, ist er ein »ganz normaler Mensch« – er nennt sich selbst einen »Otto Normalverbraucher«. Als Naturwissenschaftler, für den es auch eine spirituelle Dimension im Leben gibt, ist es ihm aber wichtig, an dem Paradigmenwechsel mitzuwirken, der seiner Meinung nach ansteht. Wie er immer wieder darlegt, geht es um nicht weniger als um die radikale Infragestellung unseres einseitigen Weltbildes. Und dies versucht er nicht durch neue Theorien, sondern durch »harte Fakten«, durch nachweisbare materielle Phänomene.

Im September 2002 erschien ein erster Artikel über Michael Werner und seine Form der Ernährung durch Lichtnahrung (Stöckli 2002). Bis der Artikel publiziert wurde, hatte es lange gedauert. Das Thema war der Redaktion zuerst nicht ganz geheuer, auch wollte sie die Veröffentlichung erst nach entsprechenden Vorabklärungen und mit einem »Schutzvermerk« wagen. Michael Werner hat auf den Artikel durchgehend positive Reaktionen erhalten, sowohl in seinem direkten Umfeld wie auch von ganz Unbekannten. Er erhielt zahlreiche Zuschriften und Anfragen, darunter auch von einer Anzahl Personen, die aufgrund des Artikels ihre Ernährungsweise mittels des 21-Tage-Prozesses ebenfalls »umstellten«. Einige der Erfahrungsberichte finden sich in diesem Buch (siehe Seite 116ff.). Diese Veröffentlichung wirkt immer noch nach, die Einladungen für Vorträge werden jedes Jahr mehr. Nach der anfänglichen Tabuisierung scheint der Damm inzwischen gebrochen, das Thema wurde zunehmend »salonfähig« und diskutierbar.

Gegen jedes Glaubensdogma – für eine kritische und zeitgemäße Wissenschaft

Gleich zu Beginn dieses Buches muss ausdrücklich festgehalten werden, dass es Michael Werner nicht um eine Propagierung der »Lichternährung« geht. In seinen Vorträgen sagt er jedes Mal ganz deutlich:

»Es geht nicht darum aufzuhören zu essen, sondern anzufangen anders zu denken!«

Dies ist auch das Motiv, das hinter dieser Publikation steht. Es geht vorerst einmal um die nüchterne Darstellung eines Phänomens, das wir heute noch nicht erklären können und das uns deshalb irritiert und provoziert. Dabei geht es nicht um »Sensation«, sondern um die einfache Schilderung von Tatsachen, die ungewohnt sind und kritisch hinterfragt werden müssen.

Wissenschaftliche Skepsis gehört dazu, aber es ist entscheidend, ohne jegliches vorgefasste Dogma des populären Wissenschaftsverständnisses an neue Phänomene heranzugehen. Denn unreflektierte Glaubensdogmen beherrschen zu einem guten Teil die Mainstream-Wissenschaft und schaffen in der Folge die allgemein anerkannten Weltbilder. Interessanterweise werden jedoch heute die alten Weltbildvorstellungen ausgerechnet durch die modernsten Erkenntnisse der Physik, welche die Materie erforscht, radikal in Frage gestellt. Dazu das Fazit von Hanns-Peter Dürr, Professor der Physik:

»Wir begreifen nicht einmal mehr die Materie. Das heißt, es ist nicht nur so, dass man mit Hilfe des Materiebildes die Seele nicht verstehen kann. Die Materie verhält sich, provokativ ausgedrückt, auf einmal ›auch so‹ wie die Seele.« (Dürr 2001)

Plötzlich wird uns das Sicherste, das wir haben, nämlich die Materie als Fundament des allgemein herrschenden »Materialismus« entzogen und in direkten Bezug zum Seelisch-Geistigen gesetzt. Doch diese Erkenntnis ist noch nicht in unserem Alltagsbewusstsein angekommen, weil wir die alltägliche Welt immer noch anders erleben, nämlich bestehend aus fester Materie, die sich stabil anfühlt, und weil wir unsere Sinneserfahrungen mit gewissen konventionellen Denkmodellen interpretieren – eigentlich aus Gewohnheit und nicht aus eigenständiger Erkenntnis. Auch der alte Glaubenssatz der »ewigen Naturgesetze« wird heute von Naturwissenschaftlern in Frage gestellt:

> »Heute geht man davon aus, dass wir in einem offenen evolutionären Universum leben. Und da ist es an der Zeit, ewig gleich bleibende Gesetze in Frage zu stellen. Meines Erachtens hat es mehr Sinn, sich Naturgesetze als Regeln vorzustellen, die sich zusammen mit dem Universum verändern und weiterentwickeln. (...) Wenn sich bestimmte Muster ständig wiederholen, dann werden die Gewohnheiten eingeprägt ins Gedächtnis der Natur, dass sie wirken wie ewige Naturgesetze. Interessant wird es aber bei neuen Erscheinungen, zum Beispiel der Kristallisation einer neuen chemischen Substanz, dem Erlernen eines neuen Verhaltens bei einem Hund oder einer Ratte, der Übernahme neuer Ideen, neuer Handlungsabläufe bei Menschen. Derartige Phänomene werden nach meiner Theorie auf der ganzen Welt umso öfter und einfacher auftreten, je öfter sie schon wiederholt wurden.«

So Rupert Sheldrake (in von Lüpke 2003), der sich als promovierter Biologe seit Jahren auf die Erforschung von Phänomenen konzentriert, die von der konventionellen Wissenschaft als unbeantwortbar abgelegt wurden.

Was sagt der Chemiker Dr. Werner zur Frage der Ernährung durch Stoffe oder durch Licht?
Durch die Nahrung werden dem Körper die benötigten Lebenskräfte zugeführt. Könnte es nicht sein, dass neben der materiellphysischen Form der Ernährung die Lichternährung eine neue Möglichkeit darstellt, durch die der Körper seine Lebenskräfte aufnehmen kann? Denn dass es sich bei der Ernährung nicht allein um die Aufnahme von Materie handeln kann, ist klar, da immer Imponderabilien wie Information, Licht- und Wärmekräfte sowie seelisch-geistig wirkende Einflüsse direkt mit im Spiel sind. Und ebenso klar ist, dass wir eigentlich nicht genau wissen, wie die Verwandlung der aufgenommenen Materie in unserem Körper vor sich geht. Dazu meint der Chemiker Michael Werner:

> »Wir Menschen leben mit unseren körperlichen Stofflichkeiten in einem ständigen Fließgleichgewicht, das heißt, wir nehmen norma-

lerweise mit der Nahrung feste Stoffe wie Mineralien, Kohlehydrate, Fette und Eiweiße sowie große Mengen an Wasser auf. Davon wird ein Teil über Darm und Blase umgehend wieder ausgeschieden. Der kleinere Rest wird mittels sehr umfangreicher und komplizierter biochemischer Stoffwechselketten in Lymphe, Blut, Leber usw. auf Organ-, Zell- und Molekülebene be- und verarbeitet. Dazu kommt die Atmung, mit der wir Sauerstoff aufnehmen und Kohlensäure sowie Wasser ausscheiden. Durch diese Prozesse kann sich unser Körper ständig verändern und verwandeln. Haare, Nägel, Hautschuppen, Schweiß sowie Wachstums- und Alterungssymptome legen offensichtliches Zeugnis davon ab.

Dies alles entspricht im Wesentlichen den Vorstellungen der modernen Physiologie und wird ergänzt durch ätherische Assimilations- und Verwandlungsprozesse, wie sie etwa der Geisteswissenschaftler Rudolf Steiner geschildert hat.

Dabei gibt es große und kleine, schnelle und langsame Kreisläufe, die uns durch ihr stetiges Fließen am und im physischen Leben halten. Durch Lichternährung werden diese Prozesse neu gestaltet und dabei im Wesentlichen wohl am Ausgangspunkt der Fließgleichgewichte verändert, denn diese sind offensichtlich lebensnotwendig. Lichtnahrung bedeutet deshalb nicht nur, dass eine neue Energiequelle erschlossen wird – das wäre noch relativ leicht zu denken –, sondern es müssen Stoffe durch Verdichtung kondensiert werden, denn die messbaren Stoffbilanzen sind ohne diese Annahme nicht zu erklären. Allein die Tatsache, dass man ohne jegliche Nahrungsaufnahme bei minimaler Flüssigkeitszufuhr über Monate ein konstantes Körpergewicht halten kann, ist bei herkömmlicher Denkweise schon unmöglich. Aber es geht – sogar problemlos. Die dabei gemessenen, recht umfangreichen physiologischen Daten geben erstaunlicherweise bisher keinerlei Hinweise auf Unregelmäßigkeiten oder Besonderheiten.

Dies alles wirft natürlich mehr Fragen auf, als es beantwortet. So ist es ein persönliches Anliegen von mir, mich diesen Fragen zu widmen und mich für Beobachtungen und Untersuchungen zur Verfügung zu stellen.«

Ein Wort gegen jeden Personenkult und für ein eigenständiges Denken und Forschen

Es ist uns wichtig, auch in einem zweiten Punkt nicht missverstanden zu werden. So sehr wir uns kritische und eigenständig denkende Leser und Leserinnen wünschen, die weder einer vorgefassten Wissenschaftsmeinung nachhängen noch sich naiv jeder

New-Age-Strömung öffnen und anschließen, so sehr möchten wir uns auch gegen jeden Personenkult verwahren. Michael Werner bezeichnet sich nicht nur als ganz durchschnittlichen Menschen – er ist es auch. Wenn er sich als »Otto Normalverbraucher« darstellt, dann ist das nur insofern untertrieben, als dass er zu einer kleinen Minderheit von Menschen gehört, die sich ohne feste Nahrung im üblichen Sinn ernähren kann. Als Naturwissenschaftler erstaunt ihn dies selbst am meisten, und er findet dafür kein einfaches Erklärungsmuster. Doch gerade das macht für ihn den Reiz der Wissenschaft aus: Neue Gebiete zu erforschen und dabei neue Theorien zu entwickeln, die sowieso immer den Erfahrungen hinterherhinken, außer es werden Realitäten aufgrund von Theorien geschaffen, wie dies in der Technik der Fall ist.

Es geht also darum, das Phänomen dieses Wissenschaftlers und seiner Erfahrung ganz nüchtern hinzunehmen als eine Herausforderung an unser Denken, an unser Wissenschaftsverständnis, an unser gängiges Weltbild. Und dies, ohne dem Fehler zu verfallen, ihm entweder gläubig zu folgen oder das Phänomen ungeprüft abzulehnen.

Im Sinne eines Denkanstoßes, anscheinend alltägliche Vorgänge wie die Ernährung in Frage zu stellen und ganz neu zu denken, wird im Folgenden relativ ausführlich Rudolf Steiner (1861–1925) zitiert. Als großer Vordenker und Forscher hat er sich unter anderem auch sehr ausführlich mit diesen Fragen befasst.

Denkanstöße im Werk von Rudolf Steiner
Rudolf Steiner formuliert zu diesem Thema Anfang des 20. Jahrhunderts einige grundlegende geisteswissenschaftliche Zusammenhänge, die uns auch heute noch als Denk- und Verständnishilfen dienen können. So führt er am 27. Mai 1910 in Hamburg aus (GA 120):

> *»Es gibt ein Grundwesen unseres materiellen Erdenseins, von dem alles Materielle nur durch Verdichtung zustande gekommen ist. Und auf die Frage: Was ist das für eine Grundmaterie unseres Erdendaseins? antwortet die Geisteswissenschaft: Jede Materie auf der Erde ist kondensiertes Licht! Es gibt nichts im materiellen Dasein, was etwas anderes wäre als in irgendeiner Form verdichtetes Licht. (...) Wo Sie hingreifen und eine Materie anfühlen, da haben Sie überall kondensiertes, zusammengepresstes Licht. Materie ist ihrem Wesen nach Licht.«*

Wenn der Ursprung aller Materie das Licht ist, so gilt dies natürlich auch für den menschlichen Körper, und so heißt es weiter folgerichtig:

»Insofern der Mensch ein materielles Wesen ist, ist er aus Licht gewoben.«

Mit dieser Aussage im Hintergrund kann man nun versuchen, die Frage der Ernährung genauer zu betrachten. Im Vortrag vom 18. Juli 1923 (GA 350) schildert Rudolf Steiner zunächst am Beispiel der Angst, wie Seelisches auf das Körperliche wirkt und wie Physisch-Sinnliches mit dem Geistigen korrespondiert. Am Ende des Vortrags findet sich eine grundsätzliche und im Zusammenhang mit der Lichternährung interessante und wichtige Schilderung des Ernährungsvorganges. Dazu wird einleitend ausgeführt, dass sich der menschliche Körper bekanntermaßen in seiner stofflichen Zusammensetzung etwa in sieben Jahren erneuert. Das heißt, es werden alle Stoffe innerhalb von sieben Jahren ausgetauscht und ersetzt. Mit den Nägeln, den Haaren und dem Schweiß werden die Körpersubstanzen fortwährend abgestoßen und durch neue, »frische« Substanz ersetzt.

Mit einfachen und klaren, aber drastischen Strichen zeichnet Steiner aus seinen Beobachtungen und Erfahrungen ein Bild des sich ernährenden Menschen:

»Nun sondert der Mensch fortwährend Stoff ab und nimmt immerfort neue Stoffe auf. So dass man sich also denkt: Durch den Mund kommt der Stoff herein, durch den After und Urin geht der Stoff wieder hinaus, und der Mensch ist so ein Schlauch. Er nimmt den Stoff auf durch Essen, er wirft ihn wieder heraus, behält ihn eine Zeitlang. So, denkt man ungefähr, sei der Mensch aufgebaut. Aber in den wirklichen Menschen geht nämlich gar nichts von dem Erdenstoff herein, gar nichts. Das ist bloß eine Täuschung. Die Sache ist nämlich so. Wenn wir, sagen wir, zum Beispiel Kartoffeln essen, dann handelt es sich gar nicht darum, etwas von der Kartoffel aufzunehmen, sondern die Kartoffel ist bloß etwas, was uns anregt, anregt in Kiefer, Schlund und so weiter. Da wirkt überall die Kartoffel. Und nun entsteht in uns die Kraft, diese Kartoffel wieder herauszutreiben, und während wir sie heraustreiben, kommt uns aus dem Äther, nicht aus dem festen Stoff, dasjenige entgegen, was uns im Laufe von sieben Jahren aufbaut. Wir bauen uns eigentlich gar nicht aus dem Stoff der Erde auf. Was wir essen, essen wir bloß, damit wir eine Anregung haben (...).

Nun ist es so, dass allerdings Unregelmäßigkeiten eintreten können. Wenn wir nämlich zu viel Nahrung aufnehmen, dann bleibt allerdings die Nahrung zu lange in uns drinnen. Dann sammeln wir unberechtigten Stoff in uns an, werden korpulent, dick. Wenn wir zu wenig aufnehmen, haben wir zu wenig Anregung und nehmen zu wenig das, was wir brauchen, aus der geistigen Welt, aus der ätherischen Welt. Aber das ist etwas so Wichtiges, dass wir uns gar nicht aufbauen aus der Erde und ihren Stoffen, sondern, dass wir uns aufbauen aus dem, was außer der Erde ist. Wenn das so ist, dass in sieben Jahren der ganze Körper erneuert wird, wird ja auch das Herz erneuert. Das Herz, das Sie also in sich getragen haben vor acht Jahren, das haben Sie jetzt nicht mehr in sich, sondern das ist erneuert worden, erneuert worden nicht aus dem Stoff der Erde, erneuert worden aus dem, was im Licht die Erde umgibt. Zusammengedrücktes Licht ist Ihr Herz! Sie haben Ihr Herz tatsächlich aus dem Sonnenlicht zusammengedrückt. Und das, was Sie an Nahrung aufgenommen haben, das hat nur angeregt, dass Sie das Sonnenlicht so weit zusammendrücken. Alle Ihre Organe bauen Sie auf aus dem, was die durchlichtete Umgebung ist, und dass wir essen, dass wir Nahrung aufnehmen, das bedeutet nur die Anregung.«

Mit der ersten Kernaussage, dass alle Materie, alle Stoffe, Moleküle usw. durch Kondensation, durch Verdichtung letztlich aus dem Licht hervorgehen, und der zweiten Darstellung, dass der Mensch seine Körpersubstanz direkt aus dem ätherischen Lichtraum verdichtet, wird eine begehbare Brücke zum Phänomen der Lichtnahrung sichtbar. Es wird ein Prinzip aufgezeigt, wie man sich den Vorgang denken kann.

Mit seinen Ausführungen im Zusammenhang mit dem landwirtschaftlichen Kurs in Koberwitz im folgenden Jahr relativiert Rudolf Steiner diese Darstellung allerdings teilweise. So schildert er am 16. Juni 1924 (GA 327), wie sich die Substanzen des Körpers teils aus irdischer Materie – für das Nerven-Sinnes-System – und teils aus kosmischer Stofflichkeit – für das Stoffwechsel-Gliedmaßen-System – zusammensetzen. Die Beziehung zwischen den Stoffen der Außenwelt und der Zusammensetzung, Bildung und Erneuerung unseres physischen Körpers mittels Nahrung und Ernährung wird also letztlich doch noch komplizierter und differenzierter dargestellt:

»Es handelt sich nicht darum, dass (...) Nahrungsstoffe von außen aufgenommen werden und dann, wie man sich doch immer mehr

oder weniger vorstellt, wenn man dabei auch an allerlei Umwandlungen denkt, abgelagert werden im Organismus (...). Dagegen alles, was wir an Stofflichkeit haben in der Stoffwechsel-Gliedmaßen-Organisation, was da unsere Därme, unsere Gliedmaßen, unsere Muskeln, unsere Knochen und so weiter durchsetzt, das stammt nicht von der Erde, sondern das stammt von demjenigen, was aus der Luft und aus der Wärme über der Erde aufgenommen wird. Das ist kosmische Stofflichkeit. (...) durch Sinne und Atmung wird die kosmische Materie aufgenommen.«

Und am 20. Juni 1923 (GA 327) schildert Steiner den Vorgang noch etwas dezidierter:

»Die Leute glauben, Ernährung besteht darin, dass der Mensch die Substanzen seiner Umgebung isst. Er nimmt sie in den Mund herein; sie kommen dann in den Magen. Da wird ein Teil abgelagert, ein Teil geht weg. Dann wird der verbraucht, der abgelagert worden ist. Dann geht der auch weg. Dann wird das wieder ersetzt. In einer ganz äußerlichen Weise stellt man sich heute die Ernährung vor. So ist es aber nicht. Es ist nämlich so, dass mit den Nahrungsmitteln, die der Mensch aufnimmt durch seinen Magen, aufgebaut werden Knochen, Muskeln, sonstige Gewebemassen, das gilt ausgesprochen ja nur für den menschlichen Kopf. Und alles dasjenige, was auf dem Umwege durch die Verdauungsorgane in weiterer Verarbeitung im Menschen sich ausbreitet, das bildet nur das Stoffmaterial für seinen Kopf und für alles dasjenige, was im Nerven-Sinnes-System und dem, was dazu gehört, sich ablagert, währenddem zum Beispiel für das Gliedmaßensystem oder für die Organe des Stoffwechsels selber die Substanzen (...) gar nicht durch die durch den Mund und Magen aufgenommene Nahrung gebildet werden, sondern sie werden durch die Atmung und sogar durch die Sinnesorgane aus der ganzen Umgebung aufgenommen.
Es findet fortwährend im Menschen ein solcher Prozess statt, dass das durch den Magen Aufgenommene hinaufströmt und im Kopf verwendet wird, dass dasjenige aber, was im Kopf beziehungsweise im Nerven-Sinnes-System aufgenommen wird aus Luft und aus der anderen Umgebung, wiederum hinunterströmt, und daraus werden die Organe des Verdauungssystems oder die Gliedmaßen.«

Die Lichternährung als »Message«

Die Lichternährung wurde durch das Buch »Lichtnahrung« von Jasmuheen bekannt (siehe Seite 92), und mittlerweile ernähren sich anscheinend Tausende von Menschen auf der ganzen Welt auf diese Art. Könnte es sein, dass sich eine neue Möglichkeit der Ernährung direkt mittels Lebensenergie für »ganz gewöhnliche Menschen« aufgetan hat, also nicht nur für Yogis und »Heilige«? Unsere These lautet: Vielleicht ist es eine relativ neue Fähigkeit des Menschen, sich ganz von Licht oder Lebensenergie ernähren zu können. Michael Werner sagt es deutlich in seinen Vorträgen:

> *»Ich würde nicht öffentlich darüber sprechen, wenn ich den Eindruck hätte, mit dieser Fähigkeit ein Spezialfall zu sein.«*

Die geistige Welt ist nicht statisch, und diese Möglichkeit kann über den Einzelnen, der sich auf diese Ernährungsweise umstellt, eine Botschaft an die ganze Gesellschaft vermitteln. Es ist die klare und überdeutliche »Message«, dass der Mensch offensichtlich nicht nur von Brot allein lebt, ja sogar ohne materielle Nahrung leben kann. Das heißt im Klartext: Unsere absolut verstandenen Ernährungsmodelle sind limitiert und darum überholt. Sie sind zwar noch immer dienlich als Vorstellungsmodell für die Mehrheit der Ernährungsgewohnheiten, haben aber die Tendenz, uns auf ein materialistisch verstandenes Menschenbild festzulegen.

Zwar haben sich schon früher Menschen wie Niklaus von Flüe oder Therese von Konnersreuth erwiesenermaßen »anders ernährt«. Aber sie stellten eine äußerst seltene und besondere Spezies Mensch dar. Nun scheint es so, dass eine Welle von neuen Kräften die physische Welt durchdringt und sich manifestiert, so dass in einigen Jahrzehnten solche Phänomene wahrscheinlich nicht mehr als »Wunder« oder gar »Spinnerei« abgetan werden können. Es wird sich in den kommenden Jahren ein neues Welt- und Menschenbild durchsetzen müssen, so dass diese neue Wirklichkeit auch wissenschaftlich und sozial neue Perspektiven schaffen kann. Und wie zu Beginn festgehalten: Es geht dabei nicht primär um eine Verbreitung dieser Ernährungsform. Es geht vielmehr um die Öffnung für neue Kräfte in allen Bereichen des Lebens, um radikal neue Möglichkeiten, das Leben zu gestalten und im Leben zu wirken. Dies geschieht bereits durch die rasante Entwicklung der Technik und ihrer Errungenschaften, die im Sinne unserer »Vorfahren« bereits viele »Wunder« bewirken. Sie faszinieren uns alle so sehr, dass wir vielleicht ganz vergessen, dass es auch auf dem Gebiet des alltäglichen Lebens Wunder geben kann und jeden Tag gibt und dass wir uns allein durch unser gewohntes Weltbild limitieren.

»Statt eines Universums von statischer Gewissheit bilden die Welt und ihre Beziehungen auf der fundamentalsten Ebene der Materie einen ungewissen und nicht vorhersagbaren Zustand reinen Potenzials und unbegrenzter Möglichkeiten.«
(McTaggart 2003)

Braucht nicht die Erde und die Umwelt, brauchen nicht wir selbst und unsere Mitbewohner des Planeten ganz neue Kräfte, um die Zukunft des Lebens auf der Erde zu sichern und lebenswert zu gestalten?

Und wie steht es mit den Beweisen?

Wir müssen – auch gemäß den Erkenntnissen der heute führenden Naturwissenschaftler – den Begriff des Verstehens, des Erkennens, des Wissens ganz neu definieren.

»Die exakte Wissenschaft geht davon aus, dass es schließlich immer, auch in jedem neuen Erfahrungsbereich, möglich sein werde, die Natur zu verstehen; dass aber dabei gar nicht von vornherein ausgemacht sei, was das Wort ›verstehen‹ bedeutet (...)«

So Professor Dr. Werner Heisenberg in seinem Vortrag von 1953 »Das Naturbild der heutigen Physik«. Das Gleiche gilt auch für die Frage des Beweisens: Auch hier sind die führenden Wissenschaftler längst über die Verabsolutierung durch sogenannte objektive Beweisführung durch Experimente hinaus. Der Mensch als Initiant und Durchführender eines Experiments beeinflusst mit seiner Optik einerseits das Experiment und ebenso seine Interpretation in der Form von – vorläufig geltenden! – Modellvorstellungen. Ob der Mensch nun Messdaten auf einem Monitor vertraut oder aber seiner eigenen direkten Wahrnehmung, es ist immer das Evidenzerlebnis, das mit der Vernunft und dem kritisch-logischen Denken verbunden werden muss. Am unmittelbarsten und stärksten ist das Evidenzerlebnis des So-Seins, des direkt Erfahrenen. Wenn ich einen heißen Ofen sehe, ihn berühre und mich daran brenne und nun jemand kommt und behauptet, diesen Ofen gebe es gar nicht, ich könne gar nicht beweisen, dass er existiert, dann werde ich diesem Zweifler entgegnen, meine Gewissheit komme von meiner direkten Wahrnehmung und dies stelle für mich den Beweis der Wirklichkeit dar.

Dasselbe lässt sich nun auf das Phänomen der Lichternährung übertragen. Weil es der Naturwissenschaftler Michael Werner hundertprozentig wissen wollte, versuchte er es selbst. Und wer es zwar wissen will, den Versuch aber nicht am eigenen Leib durchführen mag, der kann sich um Tatsachenberichte bemühen oder wird im Umfeld vielleicht einen Menschen persönlich kennen lernen, der dies getan hat. Auch das hat eine starke Beweiskraft, und eine Begegnung mit einem solchen Menschen kann einen nachhaltigen Eindruck hinterlassen.

Die Person Michael Werner als »Forschungsobjekt«

Da Michael Werner für die heutige Wissenschaft eine absolute Provokation darstellt, kann es nicht ausbleiben, dass seine Person und seine Lebensumstände akribisch genau durchleuchtet werden.

So kann man vorerst einmal sein Umfeld kritisch beobachten: Was sagen seine Mitarbeiter? Sie bestätigen die Seriosität ihres Betriebsleiters. Er ist in seiner verantwortlichen Stellung als ganz normaler und geschätzter Mitarbeiter tätig. Dazu ist er Wissenschaftler, promovierter Chemiker, der sich mit Fragen der Substanzen und der physiologischen Vorgänge auskennt.

Wie steht es um seine Gesundheit und seine allgemeine körperliche Verfassung? Michael Werner ist körperlich fit, er treibt Sport, segelt und spielt Tennis. Den Eindruck eines »Hungerkünstlers« macht der 56-Jährige mit seinem gebräunten Teint und seinem schwungvollen Schritt sicher nicht. Auch beweist er, wenn er zum Beispiel auf Reisen unterwegs ist, eine erstaunlich gute Kondition. So kann er beispielsweise problemlos von Basel mit dem Auto an eine Veranstaltung nach Berlin fahren, danach bis spät in die Nacht mit anderen Teilnehmern debattieren und anschließend mit dem Auto wieder nach Hause fahren, um am folgenden Morgen früh wieder an wichtigen Geschäftssitzungen teilzunehmen.

Und sein familiäres Umfeld? Seine Frau ist Lehrerin an einer Waldorfschule, eine gemütvolle und intelligente Frau. Sie hat den Prozess ihres Mannes genauestens mitverfolgt, um zu sehen, wie es ihm nach der Ernährungsumstellung geht. Eigenartigerweise hatte sie von Anfang an das Vertrauen, dass es schon klappen werde. Zu Beginn hegte sie allerdings recht große Bedenken, ob sich das gemeinsame Familienleben dadurch nicht radikal verändern würde. Sie erzählt, dass ihr Mann früher sehr gerne gegessen habe, sie kochten auch viel gemeinsam für ihre Familie mit den drei Kindern. So war es auch für die Kinder zu Beginn etwas seltsam, einen Papa ohne Essteller am Tisch zu haben. Inzwischen aber hat sich alles problemlos eingespielt, und eigentlich habe sich nichts Wesentliches geändert, was den Wert ihrer Familie und ihres Privatlebens betrifft. Davon kann sich auch jeder Besucher in der Familie überzeugen. Erstaunt hat sie allerdings, wie die direkte Umgebung, die davon wusste, mit dem Thema nicht umgehen konnte oder wollte. »Man« spricht einfach nicht darüber ...

Verdrängung des Phänomens im persönlichen Umfeld und durch die akademische Welt

Das Problem der Verdrängung stellt sich nicht nur im privaten Bereich, sondern mindestens ebenso in der akademischen Welt. Dort steht man ohnehin spirituellen Erfahrungen skeptisch gegenüber. Michael Werner war sich deshalb stets bewusst, dass er für die Wissenschaft eine lebende Provokation darstellt, und er fand auch, das müsse so sein, denn nur theoretisch lasse sich das materialistische Weltbild nicht widerlegen.

»Das materialistische Weltbild lässt sich wohl gedanklich und in der Theorie widerlegen – aber das genügt heutzutage nicht mehr. Es braucht den praktischen, den ganz konkreten Beweis. Und plötzlich haben auch mir ganz vertraute Menschen ein Problem.«

Auch anthroposophische Wissenschaftler seien nicht unbedingt offener dafür – oder anders gesagt, jeder reagiert ganz individuell darauf. Michael Werner erlebt alles, von Interesse und Offenheit bis zu totaler Abwehr. »Irgendwie habe ich das Gefühl, es ist für die Leute einfach ›zu viel‹. Sie verdrängen es meist. Es ist die Grundangst jedes Wissenschaftlers, dass er sein ganzes ihm lieb gewordenes Weltbild revidieren muss.«

Es gibt natürlich auch sehr offene Wissenschaftler, ein Beispiel ist der Arzt und Psychiater Jakob Bösch. Er hat, wie er in seinem Vorwort beschreibt, selbst eine wichtige Erfahrung mit dem Lichtnahrungsprozess gemacht. Seine Lebensauffassung, sein Menschen- und Weltbild, sein Vertrauen in die göttlich-geistige Realität kommt in seinem Buch »Spirituelles Heilen und Schulmedizin« sehr eindrücklich zum Ausdruck. Dass es solche Ärzte gibt und dass sie auch in verantwortlichen Positionen tätig sind – Bösch ist Chefarzt der Externen Psychiatrischen Dienste des Kantons Baselland –, ist zweifellos für die Zukunft der Medizin von entscheidender Bedeutung.

In der Einleitung zu seinem Buch trifft er das Anliegen auch dieses Buches im Kern: Er spricht von einem »zweiten Erwachen der Wissenschaft«. Er plädiert für eine wissenschaftliche Grundhaltung, die sich nicht von Wissenschaftsdogmen und materiellen

Glaubenssätzen noch von materiellen Motiven einengen lässt, sondern gerade spirituelle Erfahrungen und ungewohnte Phänomene als Aufruf zu einem Paradigmenwechsel versteht. Sein ganzes Buch durchzieht der Grundgedanke, dass es die rigide Trennung von Materie und Geist in der Realität gar nicht gibt. Die moderne Physik hat in diesem Sinne ganz neue Modelle entwickelt, die Brücken zu einem »holistischen Weltbild« bauen. Er berichtet über Versuche, in denen beispielsweise die Wirkung des Gebets auf die Heilung von Kranken nachgewiesen werden konnte, wobei die Verlässlichkeit der Versuchsanordnung in solchen Bereichen immer diskutiert werden muss.

Das Thema der »Lichternährung« figuriert im Gesamtkontext seines Buches nur am Rande, weil es ihm – wie auch uns – im Kern um etwas viel Umfassenderes geht, nämlich um eine neue Wissenschaft, um die Integration des Spirituellen und des umfassend Göttlichen in unser modernes Leben mit den entsprechenden Auswirkungen in allen Wissenschaftszweigen. Diesen Prozess hat vor bald hundert Jahren als Pionier bereits Rudolf Steiner durch seine anthroposophische Geisteswissenschaft in Gang gesetzt; auf ihn nimmt auch Bösch an verschiedenen Stellen seines Buches direkten Bezug.

Im Abschnitt »Begleitung und Forschung beim sogenannten Lichtnahrungsprozess« schreibt Bösch über die Lichtnahrung:

> »Das Phänomen ist wichtig und sollte nicht in den Untergrund gedrängt werden. Dadurch werden die Gefahren, die offensichtlich auch vorhanden sind, wie die Todesfälle zeigen, nur vergrößert. Es steht an, diesen Lichtnahrungsprozess unter medizinischer und heilerischer Betreuung sorgfältig näher zu beobachten und zu erforschen, um bald gesicherte Informationen zu haben. Eine Heilerklinik würde sich für eine solche Aufgabe gut eignen (...).«

Böschs Buch endet in einem Aufruf, Forschung auf spirituelle Themen und Fragen zu erweitern: »Lebendige Spiritualität in der Forschung wäre ein wundervolles interdisziplinäres Thema und die Hörsäle würden vor Zuhörern platzen.« Und was steht dem entgegen? Seiner Meinung nach wäre die Zeit reif dafür, und auch die Öffentlichkeit würde eine solche Ausrichtung besonders in der Medizin begrüßen. Das Kardinalproblem, so Bösch, ist das Verständnis der Naturwissenschafter und Mediziner, die »Objektivität« mit Materialismus verwechseln: »Sie glauben, sie müssten das Bewusstsein aus ihrer Forschung und Weltbetrachtung ausschließen, um der Wahrheit näher zu kommen, und sie realisieren nicht, dass gerade ein solches Ausblenden des Bewusstseins nichts mit ›Objektivität‹ zu tun hat und sie von heilender Wahrheit immer weiter abdriften lässt.«

Das Hauptanliegen: Die Durchführung seriöser wissenschaftlicher Studien

Es war uns von Anfang an wichtig, dass das Phänomen der Lichternährung auch nach streng wissenschaftlichen Kriterien untersucht wird. In welcher Form dies geschehen kann, war offen. Als einfachster Versuch bot sich an, den Probanden einzuschließen und streng zu bewachen, um sicher zu gehen, dass er wirklich nichts isst. Doch wie lange lässt sich ein solcher Versuch durchführen? Und sind, da die Wissenschaft der Glaubwürdigkeit eines solchen Menschen grundsätzlich misstraut, Bedingungen, die einschränkender sind als jene der Isolationshaft, vertretbar? Denn zu den 24 Stunden Licht und der Dauerüberwachung durch Video kommt der Anschluss an verschiedene Messapparate hinzu. Es ist daher nicht verwunderlich, dass es bis zur Bewilligung eines solchen Experiments durch die zuständige Ethikkommission viele Monate brauchte, obwohl der Proband – Michael Werner – die Untersuchungen aus eigenem, freiem Entscheid selbst wollte.

Ein erster wichtiger Schritt ist nun getan: Ein erstes wissenschaftliches Projekt konnte an einer Universität in Form einer Einzelfallstudie durchgeführt werden. Unter streng definierten und kontrollierten Bedingungen konnte zehn Tage lang eine dokumentierte Nahrungslosigkeit unter permanenter medizinisch-physiologischer und psychologischer Überwachung durchgeführt werden. Das Ergebnis wird demnächst in einer anerkannten wissenschaftlichen Fachzeitschrift publiziert. Da die wissenschaftlichen Auswertungen und Interpretationen der Studienergebnisse zurzeit noch nicht vorliegen, beschränken wir uns an dieser Stelle auf den subjektiven, aber äußerst exakten und detaillierten Bericht des Probanden. Er soll dem kritischen Leser einige Grundlagen vermitteln, um sich ein Bild von diesem Versuch und seiner möglichen Aussagekraft bzw. seiner wissenschaftlichen Relevanz machen zu können.

Der persönliche Bericht von Michael Werner über den Verlauf der Fallstudie

Nachfolgend die originalen Tagebucheintragungen von Michael Werner zur Durchführung der Studie zur »ernährungslosen Ernährung« im Oktober 2004:

Vor über zwei Jahren hat mich ein befreundeter Arzt auf meine Ernährungsweise angesprochen und mich gefragt, ob ich bereit wäre, meine Lebensweise durch eine wissenschaftliche Studie untersuchen und überprüfen zu lassen. Er selbst würde dabei gerne die wissenschaftliche Koordination und Betreuung als Studienleiter übernehmen. Da ich dies selbst auch schon erwogen hatte, habe ich, ohne zu zögern, sofort zugesagt.

Bezüglich des in Frage kommenden Studienkonzeptes war uns schnell klar: Wir können im ersten Schritt bestenfalls zeigen, dass meine Lebensweise *kein Fasten* ist. Also kamen wir in unseren Überlegungen bald auf ein Experiment, das zirka zehn Tage dauern und unter absolut kontrolliertem Ausschluss von Nahrungsaufnahme ablaufen sollte. Dabei sollte unter streng medizinisch-wissenschaftlichen Gesichtspunkten alles untersucht und gemessen werden, was sinnvoll, machbar und sachgemäß ist. Das Ganze in der Hoffnung und Erwartung, hinterher vor definierbaren Fragen zu stehen, die heute von der Wissenschaft noch nicht beantwortet, teilweise vielleicht bisher nicht einmal gestellt werden können, ohne sich der Lächerlichkeit der Fachwelt auszusetzen. Dieses Konzept schien uns auch der medizinischen, universitären Umwelt bis hin zu der zustimmungspflichtigen Ethikkommission gegenüber vertretbar und akzeptabel, und es hat sich schließlich auch bewährt.

Nach mühevoller Vorarbeit war es endlich so weit: Wir hatten das endgültige Ja der zuständigen Ethikkommission. Und dann konnte alles sehr rasch gehen, denn wir waren für den »Ernstfall« lange und gut vorbereitet. Die Finanzierung der Studie, für die wir selbst zu sorgen hatten, war glücklicherweise durch die großzügige Unterstützung der Asta-Blumfeldt-Stiftung in Dornach gesichert. Einen geeigneten Ort zur Durchführung des Experiments hatten wir im Vorfeld auch schon gefunden: ein Spezialzimmer auf der Intensivstation eines Schweizer Spitals, mit permanenter Videoüberwachung sowie allen weiteren notwendigen Rahmenbedingungen, welche die eindeutige Situation von absoluter Nahrungsabstinenz garantieren würden.

Nun ist es so weit.

Ich sitze im Zug von Basel in die Innerschweiz. Es ist 6 Uhr morgens, dunkel und kalt. Um 8.30 Uhr soll ich im Spital sein. Zwei schwere Koffer begleiten mich. Schwer hauptsächlich durch viele Bücher, Computer, eine kleine Stereoanlage und eine Unmenge an CDs mit klassischer Musik. Für zehn Tage werde ich mein Zimmer nicht mehr verlassen, kann das Fenster nicht öffnen, hänge auf Gedeih und Verderb an der Klimaanlage des Spitals, und Besuch darf ich selbstverständlich auch nicht empfangen. Ich bin gespannt darauf, was das in der Praxis bedeutet. Nun, das kommt davon – ich habe es selbst so gewollt.

Ankunft im Hauptbahnhof. Etwas unruhig und aufgeregt suche ich die Buslinie. Langsam wird es ernst – Gott sei Dank.

Dann die Ankunft im Spital.

Der 1. Tag

Am Empfang die erste nette Überraschung. Als ich nach der Intensivstation frage, heißt es höflich: »Mit wem haben Sie eine Besprechung?« Dass sich jemand munteren Schrittes stationär auf die Intensivstation begibt, ist nicht denkbar.

Ich werde vom zuständigen Arzt abgeholt, werde herzlich und wohltuend unbefangen begrüßt und auf die Intensivstation im dritten Obergeschoß gebracht. Sie ist neu, modern, dadurch etwas steril, aber hell und angenehm. Ich werde von einer freundlichen Schwester auf mein Zimmer gebracht. Mir wird schlagartig klar: Diesen Raum wirst du nun für zehn Tage nicht mehr verlassen. Das Zimmer ist ungewöhnlich groß, hat aber nur ein verhältnismäßig kleines Fenster mit Blick auf eine Reihe herbstlich gefärbter Baumkronen. Das Fenster ist nicht zu öffnen, der Griff ist demontiert, das heißt, ich bin in der Tat auf die Luft der Klimaanlage angewiesen.

Die Rückwand des Zimmers ist mit Messgeräten bestückt wie eine Raumkapsel; das sieht nicht gerade gemütlich aus. An der gegenüberliegenden Wand ist ein kleines Waschbecken und ein Schränkchen. Na klar – Intensivstation, das heißt keine Dusche, kein Bad, keine Toilette; nun ja, Körperpflege wie in alten Zeiten. In der Zimmerecke steht ein Stativ mit einer Weitwinkelkamera – »Big Brother« heißt mich willkommen. Das Gerät läuft rund um die Uhr und zeichnet jede meiner Bewegungen auf Band auf. Das heißt, auch nachts muss genug Licht brennen, damit die Kamera etwas sieht. Das wird mich vermutlich aber nicht sehr stören, denn ich schlafe normalerweise wie ein Bär im Winter. Leider gibt es keinen Tisch zum Arbeiten, und mein vorsichtiges Nachfragen stößt auf Unverständnis – Intensivstation! Nun, ich werde mir zu helfen wissen und den Esstisch zweckentfremden.

Ich packe meine Koffer aus. Neben mir steht der zuständige Arzt und kontrolliert jedes Stück meines Gepäcks sehr genau, wie an schlechten Tagen beim Zoll. Ich könnte ja irgendwo etwas zu essen, vielleicht Astronautennahrung oder Ähnliches bei mir haben. Nun, mir kann es recht sein. Meine Koffer werden außerhalb des Zimmers deponiert, und gleich geht auch schon das festgelegte Programm los.

Zuerst kommt die Routineuntersuchung durch den zuständigen Stationsarzt, von Kopf bis Fuß, auf Herz und Nieren. Es scheint alles in Ordnung zu sein. Dann folgen die nun täglich wiederkehrenden notwendigen Standarduntersuchungen: Messung von Gewicht, Temperatur, Blutdruck und Sauerstoffsättigung sowie eine unfangreiche Blutentnahme. Letzteres kenne ich gut, aber so viele Röhrchen für eine Entnahme habe ich noch nie gesehen. Das ist mir doch neu. Es sind etwa 80–90 ml, die mir heute morgen abgezapft werden, für alle denkbaren Messungen. Glücklicherweise findet die Blutentnahme in diesem Umfang nur am 1., 6. und 10. Tag statt, aber an den anderen Tagen sind es doch auch immerhin jeweils etwa 40–50 ml Blut. Dann werde ich zur Kontrolle von Herz und Kreislauf nun permanent über drei Elektroden am Oberkörper an die EKG-Messung angeschlossen. Diese Verdrahtung und die damit verbundene »Laufleine« verbleibt mir nun für die nächsten zehn Tage. Weglaufen geht nicht, es gäbe sofort Alarm im Stationszimmer. Gott sei Dank reicht das Kabel, wenn auch sehr knapp, doch gerade bis zum Waschbecken.

Stündlich (!) wird nun von einem Mitarbeiter der Station mein Blutdruck und die Sauerstoffsättigung meines Blutes gemessen, Tag und Nacht. Vermutlich, damit sichergestellt und protokolliert ist, dass regelmäßig eine Person kontrolliert hat, wie es mir geht. Nachts geschieht der Messvorgang allerdings automatisch, das heißt, die Blutdruckmanschette und der »Fingerhut« zur Messung der Sauerstoffsättigung bleiben angelegt. Immerhin kein lästiges Hantieren während der Schlafenszeit, aber dennoch zwei »Leinen« mehr.

Kaum bin ich ein paar Minuten allein und am Durchatmen, klopft es, und eine adrette junge Dame betritt mit einem großen Koffer und einem fahrbaren Tisch voller Apparaturen mein Zimmer. Sie ist für die kalorimetrischen Messungen zuständig und kommt jeweils am 1., 6. und 10. Tag. Ich muss mich aufs Bett legen und verschwinde für 15 Minuten unter einer dicht abgeschlossenen Plastikhalbschale: Meine Atemluft wird untersucht. Die ein-

und ausgeatmete Luft wird genau analysiert und der sogenannte respiratorische Quotient bestimmt; ein Mass für den Grundumsatz meines Stoffwechsels und seine Qualität. Auch das habe ich früher schon einmal durchgemacht, und es kann mich somit nicht erschüttern.

Danach noch eine kurze Messung meines elektrischen Körperwiderstandes zwischen dem rechten Fuß und der rechten Hand zur Bestimmung der Zusammensetzung meines Körpers in Bezug auf den Gehalt an Wasser-, Fett- und fettfreier Gewebemasse.

Gerade damit fertig, klopft es erneut und es geht weiter. Ein junger, sympathischer Arzt, mit dem ich in den folgenden Tagen noch viele interessante Gespräche führen werde, schließt mich für 24 Stunden an ein Messgerät zur Erfassung der Puls-/Atemfrequenz an. Noch drei weitere Elektroden auf der Brust, noch ein Kabel, das bei mir – wie alle Kabel – permanent auf der Suche nach einer Gelegenheit ist, irgendwo hängen zu bleiben oder sich mit Kollegen zu verwirren. Glücklicherweise endet das Kabel nicht irgendwo in einer entfernten Apparatur, sondern in einem kleinen, zigarettenschachtelgroßen Kästchen, das mir nun 24 Stunden am Bauch baumelt. Dazu kommt allerdings aus besagtem Kasten noch ein anderes Kabel, das in einem Stecker endet, und dieser landet in meiner Nase zur Messung der Temperatur meiner Atemluft. Ein kleiner zusätzlicher Draht misst permanent vor meinem Mund meine Atemfrequenz. Erstaunlicherweise gewöhne ich mich relativ schnell daran. Diese zusätzliche Messung wird glücklicherweise nur in den ersten 24 Stunden durchgeführt.

Als Nächstes fülle ich vier (!) zum Teil recht umfangreiche psychologische Fragebögen aus. Ich fühle mich langsam wie ein Kaninchen in der Pharmaforschung, nur dass ich den Fragebogen auch noch selbst ausfüllen muss.

Über Mittag dann meine erste Runde auf dem Ergometer, einer Art Velo-Hometrainer, der automatisch die verbrauchte Energiemenge pro Trainingseinheit ausrechnet und anzeigt. Als »Bewegungsmensch«, der ich nun einmal bin, wurde auf meinen eigenen Wunsch abgemacht, dass ich zweimal täglich 30 Minuten Training absolviere. Ich stelle mich am Anfang auf einen Verbrauch von jeweils ca. 100 kJ ein und fahre dabei umgerechnet etwa 12 bis 13 Kilometer Fahrrad. Momentan bin ich nicht besonders fit, da ich durch eine unangenehme Schnittwunde in der Fußsohle in den letzten Wochen eingeschränkt war und keinerlei Sport treiben konnte, aber das Training tut gut und macht mir meinen kleinen Intensivkäfig halbwegs erträglich.

Am Nachmittag kommt dann ein Team zur Messung meines autonomen Nervensystems, und ich lerne dabei den zweiten Studienleiter kennen, mit dem ich bisher nur telefonischen Kontakt hatte. Zu den schon vorhandenen sechs Elektroden kommen nun für eine kurze Zeit noch eine Hand voll hinzu. Zwischen den Messungen findet ein interessanter psychologischer Belastungstest statt, der mich – wie beabsichtigt – ziemlich stresst.

Von 17 bis 18 Uhr dann die erste, wohlverdiente und nötige Pause. Ich genieße Beethoven, die erste und die zweite Symphonie, und bin mit der Welt wieder versöhnt. Dann telefoniere ich mit dem Leiter der Studie, der zur Zeit der Studie gerade im Ausland zu tun hat, von dort aus aber alles gut koordinieren und betreuen kann. Bisher läuft ja auch alles nach Plan.

Um 19.30 Uhr kommt der zuständige Kardiologe für die detaillierte Eingangskontrolle seines Fachgebietes und untersucht mein Herz und meinen Kreislauf nach allen Regeln der Kunst. Fazit: Es ist alles in Ordnung. Nebenbei haben wir ein sehr intensives, offenes und interessantes Gespräch über meine Ernährungsweise.

Nach den abendlichen 30 Minuten auf dem Ergometer reicht es mir nun aber doch. Ich höre die dritte und vierte Symphonie von Beethoven und gehe ins Bett. Um 24 Uhr schlafe ich trotz aller Kabel und Hautkontakte schnell ein. Auch das stündliche Pumpen der Blutdruckmanschette kann mich nicht mehr sehr beeindrucken.

Der 2. Tag
Nach vier Stunden guten Schlafes bin ich wach und ausgeschlafen. Meine elektronische Dekoration hat so gut wie nicht gestört. Um 5 Uhr stehe ich auf und beginne meinen Tag mit Meditation, Musikhören und Lesen.

Die stündlichen Messungen von Blutdruck und Sauerstoffsättigung ergeben im Wesentlichen immer die gleichen Werte; es ist alles in Ordnung. Diese Basiswerte sind während der gesamten Zeit der Studie im Normbereich, also völlig normal, gesund und »langweilig« konstant. Von den kurzen Zeiten auf dem Ergometer und von der Zeit des Schlafens einmal abgesehen, ist mein Puls immer zwischen 80 und 60 Schläge pro Minute, mein Blutdruck im Bereich von 130–110 zu 80–60 und die Sauerstoffsättigung meines Blutes bei 99–95 Prozent (bei Letzterem sollte der Wert über 92 Prozent liegen).

Um 7 Uhr steige ich wieder auf das Ergometer und radle meine 12 Kilometer. Das ist zwar anstrengend und ungewohnt, aber ich merke spontan und sehr deutlich, dass es mir gut tut.

Um 9 Uhr folgt der übliche Tages-Check: Blutabnahme, diesmal nur ca. 40 ml, Sammelurin des letzten Tages sowie die tägliche Gewicht-, Temperatur- und Blutdruckmessung. Der Vormittag verläuft ruhig, und ich kann mich etwas auf meine eigenen Interessen konzentrieren.

Um 11 Uhr kommt der junge Arzt von der Universität, der mich am Vortag zur Messung der Puls-/Atemfrequenz verdrahtet hat, und befreit mich wieder davon. Er gibt den Messchip in seinen Computer und erklärt mir alles sehr genau. Auffällig scheint auf den ersten Blick mein Schlafmuster mit einigen Besonderheiten unbekannter Art; wir werden sehen, ob sich dies am 5. Tag reproduzieren lässt. Anschließend haben wir ein langes wohltuendes und tiefgehendes Gespräch über unsere Ansichten zu den Grenzen der heutigen Medizin, deren Perspektiven und Möglichkeiten.

Um 13 Uhr kommt ein Neurologe zur Eingangskontrolle. Bis auf eine Einschränkung meiner Reflexe im linken Bein – offensichtlich eine Folge meiner Bandscheibenoperation – ist alles in Ordnung.

15 Uhr. Pünktlich marschiert die Röntgenabteilung mit einem riesigen mobilen Gerät ein. (Aus Sicherheitsgründen, das heißt, um auszuschließen, dass ich irgendwie an Essen kommen könnte, müssen alle Untersuchungen in meinem Zimmer stattfinden.) Nun wird mein Darm geröntgt. Damit soll ausgeschlossen werden, dass ich vor Beginn der Studie ein Nahrungsmitteldepot verschluckt habe, von dem ich nun zehren könnte. Habe ich natürlich aber nicht. Später erfahre ich, dass mein Darm völlig leer ist, dass auch keinerlei Kotreste vorhanden sind und dass er ungewöhnlich wenig Luft enthält.

Gegen Abend habe ich ein sehr angenehmes, persönliches Gespräch mit dem leitenden Stationsarzt und klettere dann guter Dinge auf mein Ergometer, um mich halbwegs fit zu halten.

Nach allem, was ich in den letzten drei Jahren im Zusammenhang mit dem Thema »Lichtnahrung« mit Medizinern und anderen Wissenschaftlern erlebt habe, ist die Atmosphäre hier im Spital auffallend offen und wohltuend frei. Dennoch gibt es auch hier die weit verbreiteten Vorbehalte und Missverständnisse, genährt von der heute üblichen wissenschaftlichen »Überskepsis« nach dem Motto: Was ich nicht verstehe, glaube ich nicht. Dazu kommt bei den meisten Menschen, mit denen ich hier zu tun habe, die naheliegende, aber doch falsche Vorstellung, ich sei hierher gekommen, um zu demonstrieren, dass ich in der Lage bin, zehn Tage nichts zu essen. Meine Feststellung, dass ich seit $3\frac{1}{2}$ Jahren nichts mehr esse und dass dieser Zustand für mich »normal« ist, wird meistens schlicht ignoriert bzw. verdrängt.

Auffällig war während des ganzen Tages, dass ich keinerlei Lust zum Trinken verspürte, trotz sehr trockenem Mund – vermutlich wegen der Klimaanlage – und der Gefahr, deutlich an Gewicht zu verlieren. Vielleicht liegt darin auch der Grund, dass ich mich den ganzen Tag schon etwas schlaff fühle. Nach einem ruhigen Abend liege ich um 23 Uhr im Bett und falle sofort in einen tiefen und festen Schlaf.

Der 3. Tag
2 Uhr. Ich wache nach drei Stunden Schlaf auf und bin ausgeschlafen. Ich höre etwas Musik und lese. Zum Trinken verspüre ich immer noch keinerlei Lust. Da ich seit gestern ein leichtes saures Aufstoßen habe, entschließe ich mich, von der Stations-Kräuterteemischung auf Kamillen-/Fencheltee umzusteigen. Ich verspüre einen leichten Ohrendruck, so wie wenn man im Auto aus dem Gebirge kommt oder mit dem Flugzeug landet. Neben dem trockenen Mund habe ich auch eine leicht heisere Stimme. Das könnte auf eine Dehydrierung des Gewebes hinweisen und wäre kein gutes Zeichen. Ich entschließe mich daher, gezielt und bewusst größere Mengen Tee und Mineralwasser zu trinken.

Beim 9-Uhr-Check stellt sich tatsächlich heraus, dass ich deutlich an Gewicht verloren habe: 800 Gramm, das ist bedenklich viel, also: mehr trinken!

Anschließend strample ich meine Morgenrunde auf dem Ergometer. Da ich noch etwas schlaff und kraftlos bin, sehe ich bald, dass ich völlig unter meinem Niveau fahre. So packt mich auf den letzten Metern der Ehrgeiz, in den festgelegten 30 Minuten doch noch auf die angepeilte Leistung von 100 kJ zu kommen. Mit dem Ergebnis, dass ich umgehend meinen Puls auf 159 Schläge pro Minute hochjage. Das sorgt schlagartig für Alarm und hektische Aufregung im Stationszimmer, aber ich schaffe es. Danach bin ich völlig fertig und gönne mir erst einmal eine Vivaldi-CD zur Entspannung.

Mit dem Trinken geht es heute etwas besser, vor allem nachdem ich den Tee stark mit kohlensaurem Mineralwasser verdünnt habe.

Am Abend telefoniere ich – wie immer – mit dem Studienleiter, aber außer dem überraschenden Gewichtsverlust gibt es nichts Ungewöhnliches zu berichten.

Ich bin früh müde, gehe um 22 Uhr ins Bett und schlafe auch sofort ein.

Der 4. Tag

Um 0.30 Uhr, nach 2½ Stunden tiefen Schlafes, wache ich auf. Ich höre etwas Musik und lese. Dann lege ich mich aber doch wieder hin, um keine Rückenschmerzen zu provozieren, und döse im Halbschlaf bis etwa 5 Uhr vor mich hin. Leider kann ich hier wegen der Verkabelung meine mir liebgewordene und sehr wohltuende morgendliche Rückengymnastik nicht praktizieren.

Heute bemerke ich, dass ich nun schon seit zwei Tagen einen unangenehmen dickflüssigen Speichelfluss habe. Deshalb versuche ich nun, den Speichel nicht mehr zu schlucken, sondern gebe ihn in ein weiches Tuch, das ich von Zeit zu Zeit auswasche. Schnell merke ich: Das war eine gute Idee. Auch mein Versuch mit dem Mineralwasser, das ich sonst nicht so gern trinke und auch nicht so gut vertrage, hat sich ausgezeichnet bewährt. Ich kann jetzt ohne großen Widerwillen rechte Mengen trinken. Es geht mir heute, alles in allem, deutlich besser als während der letzten zwei Tage. Meine Stimme ist zwar immer noch etwas belegt, aber auch das wird spürbar besser.

Bei der Tageskontrolle um 9 Uhr stellt sich zwar heraus, dass ich im Vergleich zu gestern immer noch etwas Gewicht verloren habe, aber das scheint mir unwesentlich wenig und gibt Hoffnung auf eine Stabilisierung meines Zustandes.

Während des Tages habe ich heute viel Ruhe und Muße. Bis auf die erneut auszufüllenden vier psychologischen Testfragebögen steht nichts Wesentliches mehr auf dem Programm. Am Nachmittag kommt der Studienleiter, den ich seit vielen Jahren gut kenne, und wir haben ein paar angenehme Stunden mit interessanten Gesprächsthemen.

Der Abend verläuft ruhig, fast langweilig, und ich gehe erstaunlich müde schon um 22.30 Uhr zu Bett.

Der 5. Tag

Um 2 Uhr bin ich ausgeschlafen. Nachdem ich den frühen Morgen mit Mozarts Klarinettenkonzert begrüßt habe, lege ich mich aber wieder ins Bett und bleibe noch bis 5 Uhr im Halbschlaf, um meinen manchmal recht empfindlichen Rücken zu schonen. Meine Bewegungsmöglichkeiten sind doch sehr eingeschränkt, und ich möchte unangenehmen Kreuzschmerzen unbedingt vorbeugen.

Auch heute trinke ich bewusst sehr viel, und es macht mir auch keinerlei Mühe mehr. Ich fühle mich deutlich »schwerer«, der Ohrendruck ist verschwunden, meine Stimme klingt wieder halbwegs normal, und auch mein Speichel ist wieder dünn und angenehm.

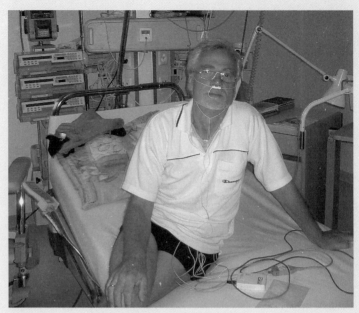

Leben unter permanenter Messung der Herzfunktionen (EKG) und der Atemfrequenz.

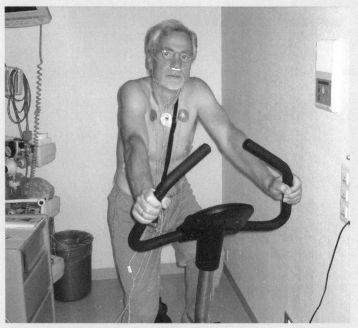

Beim täglichen Ergometertraining zur Messung eines definierten zusätzlichen Kalorienverbrauchs.

Das Hauptanliegen: Die Durchführung seriöser wissenschaftlicher Studien 37

Freizeit und Entspannung bei Musik. »Man muss immer das Beste daraus machen.«

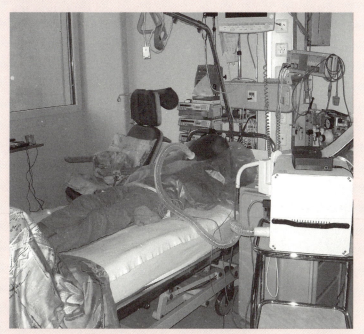

Messung der Zusammensetzung der Atemluft zur Bestimmung der kalorimetrischen Grunddaten.

Beim 9-Uhr-Check dann eine gute und wichtige Bestätigung. Mein Körpergewicht ist wieder etwas angestiegen. Das ist sehr gut, denn eine kontinuierliche Gewichtsabnahme könnte das ganze Experiment in fataler Weise in Frage stellen. Nach dem Motto: »Der isst zwar nichts, aber wie man sieht, verdaut er sich – wie bei jeder Fastenkur – selbst.«

Zeit für die tägliche Hygiene. Nachdem ich mich, etwas mühevoll balancierend, von Kopf bis Fuß abgeseift habe, wäscht mir gerade eine Stationsschwester auf ziemlich abenteuerliche Weise die Haare. Nach fünf Tagen ist das für einen Dusch- und Badewannenfanatiker wie mich eine echte Wohltat. Allerdings ist in diesem Zusammenhang grundsätzlich zu bemerken, dass ich, seit ich nichts mehr esse, wesentlich weniger schwitze und meine Ausdünstungen deutlich »kultivierter« geworden sind.

Der Nachmittag verläuft gemütlich. Draußen herrscht Regenwetter mit Sturmböen. Wie mir berichtet wird, ist es zudem sehr kalt geworden. Ich lese, höre Musik, arbeite am Computer, telefoniere und schaue etwas Tennis im Fernsehen. Am Spätnachmittag kommt der Studienleiter noch einmal zu Besuch. Wir besprechen die bisher vorliegenden Ergebnisse. Da mein Gewicht jetzt konstant zu sein scheint, scheint das größte Problem erst einmal entschärft, aber einige Laborwerte sind immer noch eigenartig hoch. Die nächsten Tage werden zeigen, wohin es geht.

Aufgrund der Laborbefunde und des unsicheren Gewichtverlaufes habe ich meine Zielgröße für die Leistung auf dem Ergometer von 100 auf 60 kJ pro 30 Minuten reduziert. Das ist natürlich sehr viel angenehmer und gemütlicher, und ich werde es ein paar Tage beibehalten.

Nach einem kurzen, aber sehr angenehmen Gespräch mit dem Stationsarzt beginnt für mich der »Feierabend«. Um 23 Uhr bin ich müde und gehe schlafen.

Ich begegne immer wieder Menschen – auch hier im Spital –, die dem Phänomen Lichtnahrung zwar nicht ablehnend, aber doch mit einer inneren Gleichgültigkeit gegenüberstehen. Vielleicht braucht es, um sich dieses Vorganges und dessen wahrer Bedeutung angemessen bewusst zu werden, eine Art von »kritischer Masse«, die offensichtlich noch lange nicht erreicht ist. Kritische Masse nicht unbedingt bezüglich der Anzahl Personen, welche die Lichternährung praktizieren, sondern vielleicht eher eine kritische Masse oder besser Dichte an Information.

Unerwarteterweise habe ich zum ersten Mal Probleme beim Einschlafen, etwas, was bei mir sehr selten vorkommt. Nach mehreren Anläufen und einer ärgerlichen inneren Unruhe – ich bin in dieser Beziehung eben sehr verwöhnt – geht es dann aber doch, so dass ich um 0.30 Uhr in den Schlaf sinke.

Der 6. Tag

Ich bin um 4 Uhr wach und ausgeschlafen. Nach der wie immer etwas eingeschränkten Morgentoilette beginne ich den Tag mit Beethoven.

Heute wird es wieder turbulent zugehen, denn es treffen wieder sämtliche Messungen, die in dieser Studie vorgenommen werden, an einem Tag zusammen. Nach meinem Ergometertraining geht es dann auch Schlag auf Schlag. Zuerst ein kurzes, aber sehr intensives und offenes Gespräch mit dem zweiten Studienleiter. Während des Gesprächs taxiert er mich ganz offen mit geschultem ärztlichem Blick nach dem Motto: »Nach 6 Tagen ohne Essen muss doch irgendetwas Auffälliges zu sehen sein.«

Anschließend kommt eine forsche junge Dame zur Messung der Kalorimetrie. Ich verschwinde wieder für 15 Minuten, durch Plastikschürzen gut abgedichtet, unter der blauen Halbschale zur Bestimmung der Zusammensetzung meiner Atemluft. Danach folgt mittels vier Elektroden die Impedanzmessung zur Bestimmung der Mengenverhältnisse von Wasser, Fett und Stützgewebe im Körper.

Zwischendrin die tägliche Blutabnahme mit den üblichen 40 ml sowie die tägliche Messung von Temperatur und Gewicht. Mein Gewicht ist nun seit 4 Tagen praktisch konstant.

Dann folgen die Messungen meines autonomen Nervensystems über eine Vielzahl von Elektroden auf meinem Oberkörper. Zwei junge wissenschaftliche Mitarbeiter der Universität kümmern sich um mich und meine Nerven, zumindest um die autonomen. Da die Technik, genau genommen der Computer, heute Probleme macht, dauert es etwa eine halbe Stunde, bis die Messung schließlich doch noch läuft. So werden mir zwischendrin drei weitere Elektroden zur erneuten Bestimmung der Puls-/Atemfrequenz angelegt. Auch hier offenbart die Technik heute ihre Tücken, aber schließlich funktioniert es so, wie es soll.

Anschließend lerne ich den zweiten Stationsarzt kennen, der nun den Tagesdienst übernommen hat, und wir haben schnell ein sehr interessantes Gespräch über das Phänomen der Lichtnahrung. Mit zwei, drei gezielten Fragen kommt er auf den Punkt und zeigt dabei keinerlei Berührungsängste. Eine sehr wohltuende, aber doch eher seltene Erfahrung.

Dann eine verdiente Pause im Programm, nur unterbrochen von den stündlichen Messungen des Blutdrucks und der Sauerstoffsättigung im Blut. Um 14.30 Uhr meldet sich die Röntgenabteilung wieder und steht mit ihrem furchterregenden Apparat vor der Tür. Diesmal wird mein Darm, während ich auf der Seite und auf dem Rücken liege, geröntgt, wohl nur, um sicherzustellen, dass ich seit dem ersten Tag nicht auf wundersame Weise irgendwelche Nahrung zu mir genommen habe.

Der Rest des Tages vergeht mit den Routineuntersuchungen und mit Arbeiten, Lesen, Musikhören und Telefonieren.

Um 23 Uhr gehe ich ins Bett und bin froh, meine Glieder ausstrecken zu können.

Der 7. Tag

Ich schlafe nur zwei Stunden, und auch diese unterbrochen von einem plötzlichen starken Harndrang. Doch dann bin ich hellwach und offensichtlich gut ausgeschlafen.

Trotzdem bleibe ich bis 5 Uhr im Bett liegen, halte die Augen geschlossen und höre Musik. Ich kenne diese sehr kurzen Schlafphasen schon und weiß, dass meine Augen dann oft tagsüber brennen und mein Rücken sich meldet, wenn ich nachts zu wenig Zeit im Liegen verbringe.

Nach der Morgenroutine (diesmal wird mir 60 ml Blut entnommen) habe ich wiederum ein Gespräch mit dem zweiten Studienleiter. Mein Gewicht war heute wieder gleich wie an den letzten Tagen und ist nun seit fünf Tagen praktisch konstant. In Bezug auf meine anfängliche Gewichtsabnahme berichtet er mir, dass, wahrscheinlich im Zusammenhang damit, der Wert der Ketokörper im Urin erhöht ist. Dies deutet eindeutig auf eine Fettverbrennung hin (!). Die Kalorimetrie ergab gestern einen Fettanteil von etwa 16 Prozent (bei Männern liegt der Wert üblicherweise zwischen 10 und 30 Prozent). Für den Fall, dass sich dieser Befund auch am 10. Tag bestätigt, steht eine Verlängerung des Experiments um einige Tage zur Diskussion. Trotz einiger Terminprobleme erkläre ich sofort meine grundsätzliche Bereitschaft, denn die nun offenen Fragen könnten eine Spur sein, die helfen könnte, den »Mechanismus« der Lichternährung etwas aufzuhellen.

Am späten Vormittag werde ich nach 24 Stunden permanenter Messungen wieder von den Elektroden zur Messung der Puls-/Atemfrequenz befreit. Der junge Arzt, der mich neben allen sachdienlichen Aktivitäten freundlicherweise immer mit der »Neuen Zürcher Zeitung« versorgt, erklärt mir erneut die Methode und die Bedeutung der Messwerte der letzten 24 Stunden. Man sieht sehr deutlich die Übergänge und Besonderheiten der Schlaf-, Ruhe-

und Aktivitätsphasen. Auch dieses Mal sind wieder einige kuriose Besonderheiten während meines 2-Stunden-Schlafes zu sehen. Ich bin gespannt auf die Endauswertung.

Der Nachmittag verläuft ruhig, ich genieße das »Requiem« von Mozart und dann zur Aufhellung Vivaldis »Concerti grossi«. Draußen ist es völlig verregnet, und es sieht so unangenehm aus, dass ich mich selbst in meiner klimatisierten Isolierkapsel wärmer anziehen muss. Fast ein Glück, dass ich nicht hinaus darf und hier in Ruhe arbeiten kann.

Am frühen Abend folgt ein langes Telefongespräch mit dem Studienleiter. Ich bin nach meinen letzten Überlegungen nicht sehr motiviert, die Studie zeitlich weiter auszudehnen, sondern würde eher für ein »follow up« plädieren, das heißt ein weiteres hautnahes Begleiten und Messen der interessanten und auffälligen Messparameter in der Zeit nach dem offiziellen Abschluss der Studie wie vorgesehen am 10. Tag. Dass ich nichts zu essen zu mir nehme, wäre dann zwar nicht so abgesichert wie hier im Spital, aber man könnte vielleicht über engmaschige Messungen der Blutwerte, gegebenenfalls Röntgen des Darms usw. für eine halbwegs glaubhafte Garantie meiner Nahrungsabstinenz sorgen. Nun, wir werden sehen.

Ich bin glücklich und dankbar dafür, wie gut das Experiment abläuft, von den äußeren Rahmenbedingungen bis zu meiner persönlichen guten Verfassung. Letzteres trotz der extrem eingeschränkten Bewegungsfreiheit, der permanenten Videoüberwachung, dem absoluten Mangel an frischer Luft und dem permanenten Licht auch während der Nacht. Zur erfreulichen Gesamtsituation trägt sicherlich ganz maßgeblich das ausnahmslos freundliche und positiv eingestellte Personal bei, aber auch eine Vielzahl von Menschen, die an mich denken, ebenso wie die helfenden und heilenden Lichtkräfte, die in dieser ungewöhnlichen Situation ihren wohltuenden Beitrag leisten.

Um 23 Uhr gehe ich ins Bett und schlafe wie üblich schnell ein.

Der 8. Tag

Mit einer kurzen Unterbrechung schlafe ich $2^1/_2$ Stunden, stehe aber wie schon die letzten Nächte erst um 5 Uhr auf und beginne dann meine übliche Morgenroutine.

Nach dem Ergometer-Training, kurz vor dem gründlichen Morgen-Check um 9 Uhr habe ich wieder ein Gespräch mit dem zweiten Studienleiter. Es besteht der Wunsch, über den Tag zu-

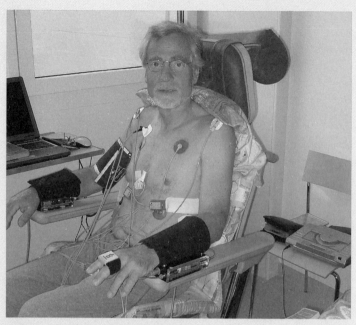

»Maximale Verdrahtung« zur Messung der Funktionen des autonomen Nervensystems.

sätzlich noch einmal mein Gewicht zu bestimmen, um noch mehr Sicherheit bezüglich des Verlaufes zu bekommen. Ob das jetzt noch etwas bringt, erscheint mir allerdings fraglich. Außerdem laufen die Überlegungen nun doch verstärkt darauf hinaus, dass ich noch drei Tage länger bleibe, um noch weitere Werte bezüglich des Verlaufes meines Körpergewichts und auch zusätzliche Informationen aus der Kalorimetrie zu bekommen.

Mein Gewicht ist heute wieder etwas geringer als gestern; ich bin nun auch selbst gespannt auf den zweiten Wert im Verlauf des Tages.

Ansonsten ist heute nicht »mein Tag«. Die Perspektive, drei Tage länger hier zu sein, macht mir keine Freude, weil ich dadurch in der folgenden Woche zwangsläufig in einen unangenehmen beruflichen Stress komme.

Ich lese und mache zwischendurch einige Telefonate, um den »Termin-GAU«, so gut es geht, abzufedern. Leider verfüge ich nicht über Internet- bzw. E-Mail-Anschluss. Um 18.30 Uhr efolgt die angekündigte zweite Gewichtsmessung. Ich habe wieder 0,5 kg abgenommen; das wundert mich insofern nicht besonders, als ich seit heute Morgen ungewöhnlich viel Urin abgegeben und wieder ausgesprochen wenig Lust zum Trinken verspürt habe. Nach meinen

Notizen ergibt sich allein schon dadurch eine Gewichtsdifferenz von 0,6 kg. Die erneute Gewichtsabnahme macht allerdings alles noch schwieriger bzw. für Skeptiker noch einfacher.

Wegen des ungewöhnlichen Verlaufs meiner Herzvariabilität in den kurzen nächtlichen Schlafphasen werde ich heute Abend noch einmal zusätzlich an das Gerät zur Messung der Puls-/Atemfrequenz angeschlossen. Damit hätten wir die Messwerte einer zusätzlichen Nacht, um das Phänomen gegebenenfalls zu reproduzieren. Mit dem jungen Arzt, der dafür zuständig ist und extra dafür spät am Abend noch einmal vorbeikommt, habe ich ein langes und gutes Gespräch über die Möglichkeiten und Bedeutung der Lichtnahrung. Ein wohltuender Tagesabschluss für mich.

Um 23.30 Uhr gehe ich zu Bett und schlafe eine Stunde tief und fest.

Der 9. Tag

Um 0.30 Uhr wache ich auf, höre etwas Musik und döse eine Weile vor mich hin. Gegen Morgen schlafe ich noch einmal etwa eine Stunde und beginne den Tag um 5 Uhr mit einer etwas mühevollen Rasur meiner Bartstoppeln.

Bei der Morgenuntersuchung ergibt sich, dass mein Gewicht seit gestern Abend konstant geblieben ist, also – die Sache bleibt spannend.

Am Vormittag schaue ich mit dem betreuenden Arzt die nächtlichen Messwerte der Puls-/Atemfrequenz an. Das eigenartige Symptom der ungewöhnlichen engen Pulsfrequenz während des Schlafes hat sich erneut wiederholt. Da ich das Messgerät heute ohnehin turnusmäßig wieder für 24 Stunden tragen werden, haben wir dadurch noch eine gute Möglichkeit, diese Auffälligkeit erneut zu überprüfen. Im Zusammenhang mit diesen 24-Stunden-Messungen habe ich bisher jeweils fünf Mal für 15 Minuten zu fest vorgegebenen Zeiten eine strenge körperliche und soweit möglich auch mentale Ruhephase eingelegt. In diesem Zusammenhang wird zur Zeit mittels einer umfangreichen Studie an einer Vielzahl von gesunden Testpersonen nach Möglichkeiten gesucht, mittels dieser Messmethode und ihrer Ergebnisse eine grundsätzliche Information über den Gesundheitszustand der untersuchten Person zu erhalten.

Der Nachmittag verläuft in gewohnter Routine. Langsam wird es mir langweilig. In mir verdichtet sich die Befürchtung, dass ich wohl doch noch zusätzliche drei Tage in meiner »Klosterzelle« verbringen werde.

Die Gewichtmessung am Abend ist eine Enttäuschung, denn ich habe wieder etwas abgenommen. Vielleicht trinke ich für die hier im Raum herrschenden, sehr trockenen Luftverhältnisse immer noch zu wenig. Aber nun ist es wohl zu spät. Ich werde der Sache zu Hause in Ruhe einmal nachgehen, indem ich versuchen werde, diese Verhältnisse, so gut es geht, zu simulieren. Nach dieser Enttäuschung bezüglich meines aktuellen Gewichtsverlaufs ist die Studie im ursprünglichen Sinne vermutlich nicht mehr zu retten, und wir sollten nun doch darauf hinarbeiten, sie morgen abzuschließen. Allerdings möchte ich dabei nicht der »Spielverderber« sein, denn das könnte die spätere Interpretation ungünstig beeinflussen.

Der Stationsarzt berichtet mir in unserem abendlichen Gespräch, kurz bevor er nach Hause geht, dass meine Standard-Blut- und -Urinwerte bis auf die erhöhten Ketokörper im Urin alle in Ordnung sind.

Nach einigen Telefonaten und der erneuten Einstellung des Messgeräts der Puls-/Atemfrequenz – ich hatte es bei der Markierung der Ruhephase durch eine Fehlbedienung abgeschaltet – gehe ich um 23 Uhr zu Bett.

Der 10. Tag
Nach zwei Schlafphasen von insgesamt etwa $3^{1}/_{2}$ Stunden stehe ich um 5 Uhr auf und beginne meine Morgenroutine, vielleicht zum letzten Mal in diesem Zusammenhang. Ich habe inzwischen alles mehrfach hin und her überlegt und tendiere weiterhin dazu, den Versuch wie geplant heute zu beenden. Ich denke, das, was wir bis jetzt haben – und da ist viel Gutes und Interessantes dabei –, wird in drei Tagen nicht grundsätzlich anders aussehen. Das gilt aber wohl genauso für das, was wir bisher nicht erreicht haben.

Heute wird noch einmal alles durchgemessen, was für das umfangreiche Untersuchungsprogramm der Studie an punktuellen Messungen zusammengestellt wurde. Das heißt, es wird vermutlich wieder ein etwas stressiger Vormittag werden.

Um 9 Uhr geht es los mit der täglichen Kontrolle. Mein Gewicht ist seit gestern konstant geblieben – das ist schon einmal etwas. Die Blutentnahme ist heute, genau wie am ersten Tag, wieder abenteuerlich umfangreich: 80–90 ml. Man wird die für die Untersuchungen abgenommenen Blutmengen sicherlich in die Bilanzierungen mit aufnehmen müssen, denn es ist summarisch ein guter halber Liter, sprich 0,5 kg Gewichtsverlust allein durch die regelmäßigen Blutentnahmen. Ganz abgesehen von den lebenswichtigen Inhaltsstoffen, die vom Körper umgehend ersetzt werden müssen.

9.30 Uhr. Die nette junge Dame vom ersten Tag, heute wieder ganz in Schwarz, erscheint mit ihren Messgeräten, um die kalorimetrischen Daten zu erheben. Nach kurzer Vorbereitung ihrer Apparaturen und einer vorgegebenen Ruhezeit von 15 Minuten verschwinde ich wieder unter der rundherum abgedichteten Plastikhalbschale. Es wird wieder mein energetischer Grundumsatz über den respiratorischen Quotienten und anschließend die Zusammensetzung meiner Körpermasse gemessen. Man kann damit relativ genaue Aussagen über die Art des Stoffwechsels machen, zum Beispiel ob die Verbrennung mehr über Kohlenhydrat-, über Fett- oder über Protein-(Muskel-)Masse vor sich geht. Bei der kurzen anschließenden Besprechung der Messwerte ergibt sich, dass ich heute, am 10. Tag, im Vergleich zum 6. Tag einen geringeren Grundumsatz und wohl etwas weniger Fettabbau habe. Dann folgt wiederum die Impedanzmessung, mit der man das Verhältnis von Wasser, Fett, fettfreiem Gewebe und Muskelmasse im Körper bestimmen kann. Da die Werte erst mittels eines speziellen Computerprogramms berechnet werden müssen, sind die aktuellen Werte von heute leider nicht gleich zugänglich. Im direkten Vergleich zwischen 1. und 6. Tag war der Fettgehalt um etwa 1,5% verringert, die fettfreie Gewebemasse praktisch konstant geblieben und der Muskelanteil etwas angestiegen. Letzteres ist ungewöhnlich und nicht zu erklären; vielleicht ein Messfehler.

Danach geht es gleich weiter mit den Tests des autonomen Nervensystems. Über 8 bis 9 zusätzliche Elektroden werden die elektrischen Impulse am bzw. im Oberkörper erfasst. Gemessen wird jeweils zwei Mal etwa 10 Minuten lang, einmal nach einer 15-minütigen Ruhephase und dann anschließend direkt nach einem psychologischen Stresstest die daran anschließende Erholungsphase. Die Ergebnisse oder Trends dieser Untersuchungen liegen leider noch nicht vor. Da mir die Art und Bedeutung dieser Messungen ohnehin völlig neu und unklar ist, bin ich umso mehr auf die Endauswertung gespannt.

Während des anschließenden sehr interessanten Gesprächs mit dem Stationsarzt kommt der erwartete Anruf des Studienleiters. Die Frage ist nun, ob wir noch drei Tage weitermachen oder die Studie wie geplant heute beenden. Nach kurzem Erwägen des Für und Wider wird entschieden, die Studie heute plangemäß zu beenden. Die zusätzlichen drei Tage hätten die entstandenen Fragen vermutlich ohnehin nicht beantworten oder verfeinern, sondern bestenfalls erhärten können. Zum Abschluss fülle ich nochmals die vier schon bekannten psychologischen Fragebögen aus. Dann packe ich meine Sachen und verabschiede mich von den Mitarbeitern und Mitarbeiterinnen der Station.

Als ich das Spital verlasse, atme ich genussvoll die frische Luft ein wie ein auf die Erde zurückgekehrter Astronaut. Es ist wunderschönes Wetter, und ich bummle gemütlich zum Bahnhof. Den Trubel unterwegs nehme ich wie etwas Fremdes, aber doch sehr Angenehmes wahr. Ich kehre zurück – zurück von einer anstrengenden, aber beeindruckenden und interessanten Reise.

Während der Zeit der Studie erlebte ich die Hilfen und Hinweise bezüglich der Lichternährung durch die damit verbundenen und dafür zuständigen Kräfte und Mächte als sehr zurückhaltend. Das gibt mir das gute, fast sichere Gefühl, auf dem richtigen Weg zu sein. Es ist ein unserer Zeit angemessener Weg der persönlichen Freiheit und Eigenverantwortung.

Ob Lichtnahrung funktioniert oder nicht bzw. für einen Menschen in Frage kommt, hängt wohl hauptsächlich vom positiven Willen ab, den man bereit oder in der Lage ist aufzubringen. Damit meine ich eine aktive, mutige und vertrauensvolle Offenheit und Hinwendung zu etwas Unbekannten und Unglaublichen. Der Rest ist Übung in Treue, Hoffnung und Liebe zum Leben.

Vorläufiges Fazit von Michael Werner zu der Studie

Ein wichtiges allgemeines Ziel dieser Studie war es zu versuchen, zumindest einen kleinen Riss im festgefügten Fundament der heutigen Schulmedizin zu erzeugen. Ob das gelungen ist oder noch gelingt, wird die umfassende Endauswertung aller erhobenen Daten und deren Veröffentlichung zeigen.

Dass Menschen, ohne zu essen, leben und sich dabei wohl fühlen können, und dies bei stabiler, guter Leistungsfähigkeit und normaler Belastbarkeit, mag manchem Mediziner als offenem, aufmerksamem und innovativem Zeitgenossen ebenso zugänglich sein wie anderen mutigen Menschen auch. Aber die offizielle medizinische Wissenschaft mit ihren eingefahrenen und sicherlich oft auch bewährten Mustern hat heute noch keinen Platz für solch scheinbar abenteuerliche Behauptungen wie: »Der Mensch kann auch ohne Essen leben!« Umso mehr muss man den vielen Menschen dankbar sein, die mitgeholfen haben, dass diese Studie überhaupt stattfinden konnte. Viele kleine und große Hindernisse, viele Vorurteile waren dabei zu überwinden und durch Vertrauen zu ersetzen.

Eine wissenschaftliche Bewertung dieser Studie steht mir nicht zu und soll auch an dieser Stelle nicht gewagt werden. Dazu fehlt mir einerseits die wissenschaftliche Kompetenz und vielleicht auch die Neutralität, andererseits fehlen im Moment noch zu viele Informationen und deren sinnvolle Verknüpfung und Interpretation, so dass man sich zwangsläufig zu sehr im Spekulativen bewegen würde. Zudem ist es mir aus nachvollziehbaren Gründen bis zur Veröffentlichung der Studienergebnisse in einer anerkannten Fachzeitschrift untersagt, irgendwelche spezifischen Informationen zur Bewertung der Studie verlauten zu lassen. Die nachfolgenden Ausführungen sollen daher den Rahmen des Allgemeinen bzw. ganz Persönlichen nicht verlassen, um keinerlei Vorwegnahme der grundsätzlichen Diskussion der Studienresultate zu bewirken.

Im Rückblick auf meine Erlebnisse und Erfahrungen während der zehn Tage ist zunächst festzuhalten, dass meiner Meinung nach bei zukünftigen Untersuchungen dieser Art Wesentliches zu verbessern oder neu zu berücksichtigen wäre.

Zwei Dinge scheinen mir in diesem Zusammenhang besonders einflussreich und wichtig, erwähnt zu werden. Das erste betrifft ein scheinbares Detail der beschriebenen Rahmenbedingungen der Studie. Um jeden Zugang zu Essbarem von außen auszuschließen, war ich durch die Verriegelung der Fenster von jeder natürlichen, frischen Luft abgeschnitten und bezog meine Atemluft in Form teilrezyklierter und sicherlich keimfiltrierter Luft ausschließlich von der Klimaanlage. Die dadurch bewirkte Beeinträchtigung der Atemluft in Bezug auf die vitalen Kräfte der in der Luft befindlichen Wassertröpfchen wurde von mir als sehr unangenehm und schwächend empfunden. Das wäre mit wenig Aufwand und mit entsprechender Umsicht sicherlich zu verbessern bzw. sollte in der von mir erlebten Form bei einem weiteren Versuch unbedingt vermieden werden.

Das zweite betrifft mich bzw. den zukünftigen Probanden selbst. Die Umstellung von der gewohnten Lebensweise auf die notwendige einengende Studiensituation mit all ihren Einschränkungen wurde von mir unterschätzt, so dass es für jeden zukünftigen Probanden sicherlich von Vorteil wäre, sich noch intensiver auf ein solches Experiment vorzubereiten.

Dennoch hoffe ich, dass dieses Experiment ein Ausgangspunkt für weitere Untersuchungen sein wird und in der Wissenschaft vielleicht den einen oder anderen Menschen bewegt, neue und ungewöhnliche Gedanken zu denken.

Kritische Reflexion des Experiments

Diese Schilderung zeigt deutlich einen systembedingten Widerspruch der Studie auf. Die heutige Wissenschaft muss einen Probanden von fast aller Lebensenergie isolieren, wenn innerhalb des vorgegebenen Systems aufgezeigt werden soll, dass er sich direkt von Lebensenergie ernähren kann. Um sich dann hinterher zu wundern, dass die Ernährung nicht in erwartetem Maße stattfand und doch eher einem Fasten entsprach. Einen logisch denkenden Menschen kann dies eigentlich nicht verwundern, denn es war tatsächlich ein Fasten, wenn in einem sterilen, künstlich beleuchteten und belüfteten Raum alle natürlichen Lebensträger (Wasser in der Luft, menschliche Begegnungen und natürliche Eigenbewegung) abgeschnitten werden. Dies war den Beteiligten und vor allem auch Michael Werner vor der Studie zu wenig klar.

So kann der Versuch nun verschieden interpretiert werden. Er kann einerseits zeigen, dass es unmöglich ist, dass sich ein Mensch von »Licht« ernähren kann, sondern dass es immer nur eine Form von Fasten ist. Oder er kann andrerseits zeigen, dass es unmöglich ist, sich in einer künstlichen, lebensfeindlichen und sterilen Umgebung direkt von Lebensenergie, von Licht, zu ernähren. Beide Interpretationen sind möglich, es bleibe dem Leser überlassen, frei zu entscheiden, welcher der beiden Möglichkeiten er den Vorzug geben will.

Um den heutigen, einseitigen Materialismus zu überwinden, wird es immer wieder Aufforderungen geben, sich für ein umfassenderes ganzheitliches, spirituelles Weltverständnis zu öffnen. Eine passiv aufgenommene spirituelle Weltsicht, die einem nur durch einen äußeren Beweis serviert wird, wäre fast ein Widerspruch in sich selbst. Denn eine zeitgemäße Spiritualität ist weder Spiritismus noch materialisiertes Wunder, sondern bedarf immer auch des eigenen kritischen und aktiven Denkens. Sonst könnte man leicht jedem Zauber zum Opfer fallen, sei dies der Zauber einer nicht durchschauten, sondern nur übernommenen Wissenschaft, oder sei dies ein überholter naiver Wunderglaube.

Um ein solcherart neues, erweitertes Wissenschaftsverständnis bemüht sich auch Michael Werner, und zwar durchaus mit dem Bewusstsein, dass sein eigenes Wissen wie auch seine Erfahrungen und Wahrnehmungen beschränkt sind. Dass jemand ein Phänomen schildert und es nicht gleich mit fertigen Theorien belegt, sondern sich um eine suchende, offene, von jeglicher vorgefassten Lehrmeinung freie Forschungshaltung bemüht, sollte zur Schilderung solcher Phänome eigentlich selbstverständlich dazugehören.

Michael Werner und die Lichternährung im Spiegel seiner Vorträge

Am besten kommen Michael Werners Anliegen und seine Ideen in seinen Vorträgen zum Ausdruck. Die Zuhörerschaft fordert ihn heraus, seine Erfahrungen und Ideen gut verständlich darzulegen, und die Offenheit, mit der er sich im zweiten Teil seiner Vorträge den kritischen Rückfragen stellt, kann manchen Skeptiker wenn auch vielleicht nicht überzeugen, so doch oft sehr nachdenklich stimmen. Exemplarisch drucken wir nachfolgend die Aufzeichnung eines Vortrags ab, der unter dem Titel »Lichternährung – Fragen an das materialistische Weltbild, Vortrag und Gespräch mit Dr. Michael Werner, Chemiker, Dornach« im Mai 2004 vor etwa 400 Zuhörern in Stuttgart gehalten wurde. Zum Umfeld und der Stimmung bei dem Vortrag einleitend die Eindrücke des zuständigen Organisators Ulrich Morgenthaler.

»Ein Foto hatte ich von ihm gesehen. Und ein paar kurze E-Mails hatten wir ausgetauscht. Als ich ihm dann persönlich gegenüberstand, wirkte er in sich gekehrter als erwartet. Mit wachen Augen schien er seine Umgebung – auch mich – aufzunehmen, interessiert, aber mit innerer Distanz, wie von einem fernen Ort eigener Ruhe, was durch eine leicht zurückgeneigte Körperhaltung unterstrichen wurde. Er wirkte nicht wie jemand, der eine Botschaft verkünden möchte, eher wie einer, der selbst neugierig ist, wohin sein Weg ihn führen werde. Gespannt auf Begegnung mit wem und was da kommen mag. Dabei ein feines Lächeln um die Mundwinkel, das von leiser Freude am Abenteuer sprach.

Ich hatte ihn zum Abendessen eingeladen und gefragt, ob er dazu nicht schon zwei Stunden vor Beginn seines Vortrags nach Stuttgart kommen könnte, damit wir etwas Zeit hätten, uns kennen zu lernen. Erst während der unmittelbaren Vorbereitungen der Räumlichkeiten für den Vortrag am Abend bemerkte ich meinen Lapsus: ›Du hast ihn zum Essen eingeladen – aber er isst doch gar nicht!‹ Welch entlarvende Peinlichkeit. Aber Michael Werner hatte die Einladung angenommen. Während ich aß, saß er neben mir und genoss, was mir schmeckte und wie es mir schmeckte. Er selbst hatte sich einen Espresso bestellt – »Weil er mir schmeckt!« wie er sagte. Wir besprachen den Ablauf. Den Vortrag wollte er kurz halten, es gehe ihm mehr darum, mit Menschen ins Gespräch zu kommen, ihre Fragen zur Lichternährung zu hören.

500 Menschen kamen. Trotz Übertragungsraum und viel Improvisation auf den Fluren mussten wir über 100 Menschen abweisen. Enttäuschte Gesichter. Warum waren so viele gekommen? Das Thema Lichternährung ist so neu eigentlich nicht; seit einigen Jahren gibt es Menschen, die ohne feste und flüssige Nahrung leben, darunter auch solche, die öffentlich darüber sprechen. Es gibt Bücher, es gibt Internetseiten. Trotzdem ist es für viele Menschen offensichtlich eine ganz neue und herausfordernde Thematik.

Man hört ihm zu, alle, von Anfang an. Weil er aus Erfahrung spricht. ›Kann man, ohne zu essen und zu trinken, leben?‹ – ›Ja!‹ Alles ist damit gesagt, gleich zu Beginn und überzeugend. So überzeugend kann es nur sagen, wer es erlebt hat und erlebt. Die ruhige, freie Schwingung in der Stimme von Michael Werner lassen seine Erlebnisse, den von ihm zurückgelegten Weg unmittelbar spüren. Weitere Erklärungen wären eigentlich nicht notwendig. Die Aufmerksamkeit der Zuhörer ist geweckt, in die volle Wachheit, in die erwartungsvolle, gespannte Freude, an bisher dunklen Grenzen des Bewusstseins vielleicht etwas Neues entdecken zu dürfen. Dies erscheint mir als prägender Gesamteindruck, doch sicher sind auch Menschen anwesend, die ihre Zweifel an den Ausführungen des Redners haben.

Doch das Thema hat mit jedem selbst zu tun: Denn, was Michael Werner erlebt hat, ist nicht individuell. Wäre es das, so sagt er, würde er nicht darüber sprechen. Eben weil seine Eingangsaussage allgemein gilt, weil sie übertragbar ist, deshalb spricht er über die Lichternährung. Solche Sätze machen betroffen, bewirken nebenbei beim Zuhören die Reflektion eigener, tief verwurzelter Lebenseinstellungen. Und dann bringt er sein zentrales Motiv: Er hofft auf die Fragen der Anwesenden, meint, sie würden mit noch mehr Fragen wieder nach Hause gehen. Denn es geht ihm nicht um Essen und Trinken, nicht darum, dass auch andere nicht mehr essen und trinken. Es geht ihm darum, dass man beginnt, anders über Essen und Trinken zu denken. Dieser Bewusstseinsprozess ist ihm das Wichtigste.

Michael Werner ist sich ganz bewusst, dass das Thema der Lichternährung von Mensch zu Mensch angestoßen wird. So wie er heute zu anderen davon spricht, so hat auch ihn einst jemand damit bekannt gemacht. Und die eigene Reaktion ist ihm wichtig: Es hat ihn persönlich berührt und er wusste: ›So etwas mache ich auch einmal!‹ Den konkreten Anlass, den entscheidenden Schritt zur Umstellung auf Lichternährung, hebt er auch hervor: eine gravierende Erkrankung. Er regt an, das eigene Leben zu beobachten, zu lesen.

Aber eine Grundvoraussetzung gibt es: Man muss an die Möglichkeit der Lichternährung glauben, oder besser, man muss sich ihr öffnen können. Und da wird es objektiv spannend, denn früher bestand die Möglichkeit der Lichternährung seiner Meinung nach nicht so, wie sie in der heutigen Zeit besteht. Was hier vorliegen könnte und welche Zusammenhänge zwischen einer notwendigen Überzeugung in Bezug auf die Lichternährung und einer veränderten Zeitsituation bestehen, bleibt im Raum stehen. Wenn die Möglichkeit der Lichternährung von der eigenen Bewusstseinshaltung abhängt, müsste dann nicht das Bewusstsein Lichtcharakter haben beziehungsweise das Licht Bewusstsein oder einen Bezug zu Gedankeninhalten haben? Und wenn es früher nicht wie heute möglich war, sich von Licht zu ernähren, hat sich dann das Licht verändert oder der Charakter des menschlichen Bewusstseins oder die Möglichkeit des Menschen, sein Bewusstsein zu gestalten? Und wer oder was bewirkt solche Änderungen?

Es wurde kein Vortrag gehalten. Es wurde ein persönlicher Bericht gegeben. Und es trägt zur Spannung und Intensität bei, dass Fragen wie die obigen angeregt, aber nicht ausgesprochen und behandelt werden.

Nach gut einer Stunde beendet er seinen Bericht. Den Fragen der Zuhörer blickt er mit erwartungsvoller Spannung entgegen. Viele Fragen hat er offen gelassen, und er weist noch einmal darauf hin, dass er viele Fragen auch nicht beantworten kann. Er hofft aber, dass man durch die Fragen in einen Prozess kommt, in dem sich auch ihm neue Aspekte erschließen. Er selbst möchte tiefer eindringen, Neues erforschen und entdecken und hofft dafür auf die Hilfe der Anwesenden. Hier kommt sicher zum Tragen, dass Michael Werner als praktizierender Chemiker Naturwissenschaftler und damit auch Forscher ist. Damit hat er von seinem eigenen Impuls her ein tiefes Interesse, Neues zu entdecken und zu verstehen. So wird auch verständlich, dass er als Anthroposoph sich bei der Umstellung auf Lichternährung auf einen Prozess einlassen konnte, der nicht aus einer anthroposophischen Quelle stammt, sondern durch eine andere esoterische Strömung in die Welt gebracht worden ist.

In dem fast eineinhalbstündigen Diskussionsteil entfaltet sich eine dichte Atmosphäre gemeinsamer Aktivität und Aufmerksamkeit, die aus dem Vergleich mit anderen Veranstaltungen die Frage aufwirft, wie es eigentlich gelungen ist, so intensive und über weite Strecken sachgemäß wichtige und gute Fragen zu erzeugen? Welche Rolle spielt hier die Sensationalität des Themas, und welche die Didaktik der Darstellung? Ein Teil des regen Interesses ist sicher durch das Thema selbst hervorgerufen. Aber ich bin überzeugt, dass es eigentlich an Michael Werner selbst liegt, der unter Verzicht auf ausführliche Erklärungen und die erschöpfende Behandlung aller Aspekte, durch die Beschränkung seines Berichts auf eine knappe Erlebnisschilderung, auf die eigenen inneren wie äußeren Erfahrungsphänomene, dem Bewusstsein seiner Zuhörer Raum für das Entstehen eigener Fragen lässt.

Eine unterstützende Rolle spielen dabei auch bestimmte Verhaltensweisen: Wenn er etwas nicht weiß, sagt er einfach und kurz: ›Das weiß ich nicht.‹ Und wenn er eine Tatsache schildert, die er nicht weiter erklären kann, dann sagt er nur, ebenfalls ganz kurz: ›Das ist einfach so.‹ Dabei wirkt sein Auftreten wie von einer Leichtigkeit durchdrungen, die bei manchem Zuhörer vielleicht den Eindruck des Unbedachten erwecken kann, jedoch wesentlich dazu beiträgt, sich unbeschwert dem Abenteuer des Themas Lichtnahrung zu öffnen. Dies alles zusammen mit seinem trockenen Humor, mit dem er zeigt, dass er auch über sich selbst schmunzeln kann, trägt dazu bei, dass insgesamt Offenheit und Sympathie erzeugt werden, die den Zuhörer dann auch offen und direkt mit den eigenen Fragen und Kommentaren auf ihn zugehen lässt.

Nach drei Stunden war die Veranstaltung offiziell beendet. Aber auch danach wollten die Menschen nicht gleich nach Hause gehen. Viele drängten sich in einer großen Traube um Michael Werner, um weiter mit ihm über die vielen Aspekte der Lichternährung zu diskutieren. Das Interesse an diesem Thema ist zweifellos überall so groß, wo Michael Werner von seinen Erfahrungen in der Öffentlichkeit berichtet. Das Thema ist ein echtes Zeitphänomen der sich heute weltweit unter uns Menschen vollziehenden Bewusstseinswandlung und -erweiterung.«

Auch andere Vorträge von Michael Werner haben einen tiefen Eindruck hinterlassen, so etwa ein in Solothurn im Mai 2003 gehaltener, bei dem ergänzend noch ein 76-jähriger Herr aus der Region, der selbst den 21-Tage-Prozess absolviert hat und seit neun Monaten nicht mehr gegessen hatte, voller Humor und Frische über seine Erfahrungen berichtete. Auch dieser Vortragsabend war ein besonderes Ereignis, denn hier berichtete jemand nicht über angelesene spirituelle Weisheiten, sondern aus persönlicher Erfahrung und als »Zeuge eines geistigen Ereignisses«, und dies fundiert und objektiv. Die Stimmung war dicht, spannungsvoll, aber auch locker-humorvoll-erfrischend – geprägt vom bescheiden-nüchternen Berichterstattungsstil der beiden Referenten. Man hatte auch bei keiner Silbe den Eindruck, hier wolle jemand missionieren oder die Werbetrommel rühren.

Dass Michael Werner auf manche Frage aus dem Publikum zunächst mit: »Ich weiß es nicht.« antwortet und dann tastend eine Antwort zu geben versucht, zeigt den redlichen Naturwissenschaftler in ihm, der nicht wild oder gar sensationsgierig drauflos behauptet, sondern in aller Bescheidenheit die Phänomene selbst sprechen lässt, ohne vorschnell Urteile zu fällen. Die seriöse Erforschung des Phänomens scheint ihn selbst lebhaft zu interessieren. Er ist Praktiker und Theoretiker zugleich, ein wahrer Praxisforscher.

Viele Menschen sind, wenn sie zum ersten Mal von dem Phänomen der Lichternährung hören, einerseits erstaunt und beeindruckt, neigen aber andererseits auch schnell dazu, sich darüber lustig zu machen. Wenn man dann aber durch so einen Vortrag die Möglichkeit hat, einen »Lichternährten« selbst kennen zu lernen, der weder völlig abgemagert noch krank, weder abgehoben noch hypersensibel wirkt, sondern im Gegenteil einen vitalen, gesunden, bescheidenen, kurz, im guten Sinne normalen Eindruck macht, verstummt der Spott doch schnell.

Der Vortrag

Auf die Frage »Kann man ohne Essen leben?« kann ich nur sagen: Ja. Ich werde das nun etwas genauer ausführen, denn es ist schließlich eine ungewöhnliche Frage und eine ungewöhnliche Antwort. Ich werde Ihnen keinen üblichen Vortrag halten, sondern etwas berichten, und das wird in vielen Teilen ganz persönlich sein. Das hat Vor- und Nachteile. Ein Vorteil ist, dass es dadurch eine gewisse Evidenz hat: Da spricht jemand von sich, aus eigener Erfahrung. Ein Nachteil ist, dass es ganz persönlich und dadurch vielleicht einseitig ist. Nun ist das, was ich Ihnen berichten möchte, aber durchaus nicht individuell. Ich werde Ihnen persönliche Dinge erzählen, von denen ich überzeugt bin, dass sie auf andere Menschen übertragbar sind.

Ich werde einen Bericht geben über das, was ich gemacht habe, was dabei passiert ist, wie ich ursprünglich dazu gekommen bin. Und dann werde ich versuchen, dazu mögliche Erklärungsansätze zu geben. Zum Beispiel lassen sich aus der Anthroposophie heraus gewisse Brücken schlagen, um einen Verständniszugang zu dem Phänomen »Lichtnahrung« zu bekommen. Anschließend können wir über alles reden, was an Fragen in Ihnen aufgetaucht ist, oder Fragen, die Sie vielleicht schon hierher mitgebracht haben. Denn ich bin fest davon überzeugt, dass Sie schon mit einigen Fragen hierher gekommen sind, und ich hoffe, dass Sie mit noch mehr Fragen nach Hause gehen werden.

Gleich zu Beginn ist ein sehr wichtiger Punkt klarzustellen: Es geht mir in keiner Weise darum, ob Sie essen und trinken oder dass Sie nun aufhören zu essen und zu trinken. Das ist überhaupt nicht mein Anliegen. Es geht primär nicht ums Essen oder Trinken. Das ist letztlich gar nicht so interessant, ist nur Mittel zum Zweck. Wichtig ist nur, dass Sie anfangen, anders darüber zu denken. Und wenn das irgendwie stattfindet, wäre das schon eine großartige Sache. Damit sind wir bei dem Untertitel: «Fragen an das materialistische Weltbild«, aber darauf kommen wir später noch zurück.

Wie es dazu kam
Die Frage »Kann man leben, ohne zu essen und zu trinken?« ist also beantwortet: »Ja, man kann.« Das geht tatsächlich. Ich habe es selbst gemacht und mache es auch immer noch, und ich werde nun versuchen, es etwas genauer zu schildern.

Eigentlich bin ich ein ganz normaler Mensch. Wenn ich etwas Besonderes wäre, würde ich über meine Geschichte sicherlich nicht sprechen. Ich befasse mich schon sehr lange mit spirituellen Dingen, habe da auch meine Erfahrungen gesammelt und bin dann eines Tages völlig überraschend mit dem Phänomen Lichtnahrung konfrontiert worden. Das war wohl einer dieser sogenannten Zufälle oder eben Fügungen. Zuvor hatte ich genau genommen noch nie davon gehört. Es kam eine alte Bekannte meiner Frau, die ich selbst seit vielen Jahren gut kenne, zu uns zu Besuch. Es fiel sogleich auf, dass sie sehr dünn geworden war, sogar ein bisschen hager. Sie kam also zu Besuch – und aß nichts. Auf die Frage, was denn los sei, ob sie ein Problem habe, sagte sie, sie esse nichts mehr. Und dann erzählte sie, dass sie ein ganz spezielles Programm durchgemacht habe, eine Umstellung, und dass sie nun von Lichtnahrung lebe. Das hat mich sofort sehr berührt. Wir kamen dann natürlich ins Gespräch darüber, und sie hat mir genau berichtet, was sie getan hat und warum. Bei dem Gespräch war mir sofort klar: Das mache ich auch irgendwann einmal.

Ich bin Naturwissenschaftler, habe Chemie studiert und somit hat mich das spontan gereizt. Ein wirkliches Problem hatte ich damit nie, und ich habe auch nie gedacht: Das kann nicht sein. Ich hatte schon von Niklaus von Flüe und über Therese von Konnersreuth gelesen, auch entsprechende Schilderungen in der »Autobiographie eines Yogi« von Yogananda. Doch bin ich immer davon ausgegangen, das seien bestimmte, spezielle Menschen, die durch ihr Schicksal oder durch die Gnade Gottes zur Offenbarung bestimmter Phänomene oder als Laune der Natur ein Leben ohne Nahrungsaufnahme führen können. Doch dass es einfach so möglich sein kann, für einen »Otto Normalverbraucher« wie mich, das ging mir völlig ab. Und nun stand die Möglichkeit plötzlich vor mir.

Das war vor vier Jahren, zu einer Zeit, als ich sehr krank war. Ich hatte starkes Übergewicht, hohen Blutdruck, hatte alle möglichen Beschwerden, die ich Ihnen hier gar nicht alle aufzählen will. Auch daher hatte ich einige gute Gründe, einen solchen Versuch für mich in Betracht zu ziehen. Danach verstrich nochmals ein dreiviertel Jahr, in dem ich es mir gut überlegte. Es kamen weitere Erkrankungen hinzu, so dass ich mir schließlich sagte: So, jetzt ist Schluss, jetzt machst du das einfach. Und dann habe ich meine Ernährung umgestellt, und seitdem lebe ich nicht mehr von Essen und Trinken. Sie, liebe Zuhörer und Zuhörerinnen, übrigens auch nicht, zumindest nicht ausschließlich. Sie wissen es nur nicht. Letztlich leben wir alle mehr oder weniger von Licht. Meistens über den Umweg der Pflanze, die das Licht assimiliert, in Zucker und andere Stoffe umwandelt und damit Kräfte bindet. Eigentlich gibt es ohne Licht kein Leben, und diese Lebenskraft kann man auch direkt aufnehmen. Die Bezeichnung »Lichtnahrung« ist dabei nur eines von vielen möglichen Etiketten. Man kann auch vom Ätherischen, von Prana, Chi oder kosmischer Energie sprechen. Das ist alles dasselbe. Es ist eine natürliche göttliche Energie, die in Überfülle überall vorhanden ist.

Wie funktioniert »es«?

Wie kann so etwas eigentlich gehen? Es ist ganz einfach. Man muss es nur machen, muss es nur zulassen, dann geht es fast von selbst. Eine wichtige Voraussetzung muss allerdings gegeben sein, wenn man sich von den Lichtkräften ernähren will: Man muss daran glauben. Oder anders und besser gesagt, man muss sich dem öffnen, man muss das Vertrauen dazu haben. Letzteres ist vielleicht das Wichtigste und das Entscheidende, denn ob ich selbst daran geglaubt habe, als ich die Umstellung gemacht habe, weiß ich gar nicht so genau. Ich habe es vielmehr mit einer grundlegenden Offenheit erwartet.

Heute scheint das möglich, früher ging es vermutlich nicht so ohne weiteres. Ich kenne inzwischen eine ganze Reihe von Menschen, die den Prozess gemacht haben, und es gibt sicherlich noch sehr viele mehr. Doch ich kenne selbst genug Menschen, um zu wissen, dass es wirklich geht.

Der 21-Tage-Prozess

Der Prozess der Umstellung auf Lichtnahrung ist genau beschrieben in dem gleichnamigen Buch von Jasmuheen. Das Buch gefällt mir an und für sich nicht sonderlich, aber der Teil über den eigentlichen Umstellungsprozess ist gut und übersichtlich geschrieben; man kann diese Anleitung nehmen fast wie die Angaben in einem Kochbuch. Jedem, der die Umstellung selbst ausprobieren will, empfehle, ich diesen Text unbedingt zu lesen und zu beherzigen. (Siehe dazu auch Seite 91ff.)

Der Vorgang erstreckt sich über einen Zeitraum von drei Wochen und wird deshalb auch als »21-Tage-Prozess« bezeichnet. Das ist sicherlich kein Zufall, 3 mal 7 Tage, das sind Rhythmen, die wir in uns haben. Ich habe also ziemlich unvermittelt Anfang 2001 diesen 21-Tage-Prozess absolviert. Selbstverständlich habe ich mich darauf vorbereitet, vor allem mental. Und dann bin ich doch einfach so hineingegangen. Ich habe noch mit meiner Familie Silvester gefeiert und weiß noch genau, dass ich Kartoffelsalat und Kuchen gegessen und Kaffee getrunken habe und dann, zwölf Uhr Mitternacht war es fertig!

Den eigentlichen Umstellungsprozess muss ich Ihnen noch etwas genauer schildern, damit Sie wissen, es fällt nicht einfach so vom Himmel, man muss es schon machen, man muss sich dem Vorgang öffnen. In der ersten Woche heißt die absolute Auflage: »Nichts essen und nichts trinken!« Und das heißt wirklich keinen Krümel und keinen Tropfen. Jeder Mediziner wird Ihnen darauf sagen, das gehe nicht. Fasten kann man vielleicht vierzig oder fünfzig Tage, aber sieben Tage ohne Trinken ist unmöglich. Im Allgemeinen gilt, dass der Mensch fünf Tage ohne Trinken überleben kann. So hieß es denn auch in der christlichen Seefahrt bei einem Unglück auf dem Meer: Drei Tage haben wir Durst, am vierten werden wir verrückt und am fünften sterben wir. Warum ist das so? Warum verhungern jeden Tag Tausende von Menschen? Allein darum, weil sie davon überzeugt sind, dass sie, wenn sie nichts essen, verhungern.

Sieben Tage leben, ohne zu trinken, geht sehr wohl. Es ist zwar eine ziemlich radikale Umstellung, man nimmt dabei sehr stark ab, man dehydriert. Und es gibt eine ganze Reihe von mehr oder weniger unangenehmen Symptomen, die natürlicherweise auftreten und von denen man vorher unbedingt wissen sollte.

Meine Erfahrungen im 21-Tage-Prozess

Für die ganze Umstellungszeit wird sinnvollerweise dringend empfohlen, sich aus dem Alltagsleben völlig zurückzuziehen und jeden alltäglichen Stress möglichst zu vermeiden, indem man zum Beispiel Urlaub nimmt. Man ist in diesen Tagen natürlich sehr schwach und ruhebedürftig, aber es ist dennoch eine sehr schöne, eine ganz besondere Erfahrung.

Vom Erleben her gesehen beginnt es etwa wie eine Fastenkur. Oft treten zu Anfang Kopfschmerzen auf, weil der Körper anfängt zu entgiften. Von der Entgiftung bekommt man oft auch eine dicke, belegte Zunge, was mitunter ein pelziges Gefühl und einen schlechten Geschmack im Mund zur Folge hat, wie es auch beim Fasten meistens ist.

Nach den ersten drei bis vier Tagen tritt eine Veränderung ein. Bei mir war es so, dass mir, als ich am vierten Tag aufwachte, plötzlich klar war: Das ist kein Fasten mehr. Und ich hatte das sichere Gefühl: Jetzt ist es gut. In der zweiten Woche heißt es dann: »Nichts essen, aber trinken.« Man nimmt also weiterhin keinen Krümel feste Nahrung ein, kann dafür aber verdünnte Säfte (auf 25 Prozent verdünnte Fruchtsäfte) trinken, so viel man will. Der erste Schluck, den man dann zu sich nimmt, ist wie eine Zeremonie, ein

Fest, eine ganz besondere Wohltat. Der Sinn und Zweck dieses Trinkens ist nun wohl im Wesentlichen, dass der Körper gereinigt wird und sich an die neue Situation, an die neue Form der Ernährung anpasst. In der dritten Woche isst man weiterhin nichts, trinkt nun aber etwas konzentriertere Säfte, Fruchtsäfte, am besten Orangensaft, verdünnt auf etwa 40 Prozent. Durch das Trinken in der zweiten Woche stabilisiert sich die neue Situation, man merkt das auch deutlich, man kommt wieder zu Kräften, nimmt ein bisschen zu und hat dann nach 21 Tagen den Prozess erst einmal abgeschlossen. Dann ist man frei für alle denkbaren Möglichkeiten. Man kann nun wieder essen, wenn man will, oder man trinkt nur oder auch das nicht. Ganz wie man möchte und wie es für die eigene Situation und die persönlichen Bedürfnisse sinnvoll und angebracht erscheint.

Es ist wichtig, sich während des ganzen Prozesses bewusst zu sein, dass man in allen seinen Entscheidungen frei ist und den Prozess durchaus zu jedem Zeitpunkt abbrechen kann, wobei anzumerken ist, dass mir kein solcher Fall bekannt ist. Diese Gewissheit jedoch vermittelt ein beruhigendes und sicheres Gefühl. Ich selbst habe den Prozess mit gewissen Vorbehalten begonnen und war entschlossen, wenn mir irgendwann etwas komisch vorgekommen oder wenn etwas Eigenartiges passiert wäre, einfach aufzuhören und den Prozess abzubrechen. Das war dann aber überhaupt nicht der Fall.

Nach dem 21-Tage-Prozess

Nach dem 21-Tage-Prozess habe ich interessehalber wieder aufgehört zu trinken, einfach so, um zu sehen, wie es geht. Dadurch habe ich aber wieder etwas abgenommen und deshalb dann auch wieder angefangen zu trinken. Ich hatte in den drei Wochen ohnehin sehr viel Gewicht verloren, etwa 15 kg, und sah aus wie eine eingetrocknete Schildkröte. Ich habe also wieder angefangen zu trinken und wieder ein wenig zugenommen und dann mein Gewicht und mein Aussehen durch Trinken von Fruchtsäften stabilisiert. Seitdem halte ich es grundsätzlich so, dass ich zu den Mahlzeiten, an denen ich teilnehme, irgendetwas trinke, manchmal Wasser, manchmal Tee, manchmal Kaffee, je nach Situation und Laune. Ich habe mir von Anfang an zum Gesetz gemacht, keine Mahlzeit auszulassen oder mich davon irgendwie abzutrennen. Das heißt, ich nehme an jeder Mahlzeit aktiv teil. Denn Essen hat über die körperliche Ernährung hinaus auch ein wichtiges soziales Element. Man sitzt beieinander, isst sozusagen aus einer Schüssel, die Kinder kommen von der Schule, wollen ihren Stress und ihre Sorgen loswerden, man teilt eine Erfahrung und tauscht sich aus.

Nach meiner Erfahrung und meiner Kenntnis fangen die meisten Menschen, die den 21-Tage-Prozess gemacht haben, irgendwann wieder an zu essen und zu trinken. Meistens geschieht es auf sozialen Druck, sicherlich auch wegen des Appetits oder aus Gewohnheit oder aus verschiedensten anderen Gründen, aber das Hauptproblem ist das soziale Element. Diesen Druck erlebe auch ich immer wieder, obwohl ich inzwischen natürlich in den meisten Situationen schon vorher weiß, was passieren wird, und im Umgang damit ein dickes Fell bekommen habe. Das heißt, der praktische Umgang mit der Lichternährung im sozialen Umfeld ist nicht ganz einfach. Dabei gilt es nochmals festzuhalten, dass sich jeder völlig frei fühlen soll. Es ist kein Problem, wieder zu essen, auch kein physiologisches. Man muss das allein mit sich selbst ausmachen und sehen, wie man damit glücklich wird.

Ich werde oft zum Beispiel von guten Freunden oder von meiner Mutter gefragt: »Wann fängst Du eigentlich wieder an zu essen?« Darauf kann ich nur antworten: »Ich weiß es nicht«, denn im Moment und nach immerhin über drei Jahren ohne Essen empfinde ich meine Situation so, dass ich sagen muss: Ich wäre schon blöd, wenn ich wieder essen würde, denn es geht mir sehr gut. Besser als je zuvor. Und solange es mir so gut geht, esse ich nicht. Vielleicht fange ich irgendwann wieder damit an. Ich habe diesbezüglich überhaupt keine fixe Vorstellung.

Körperlich-medizinische Fakten
Nun kurz zum Physiologischen. Ich bin kein Spezialist auf diesem Gebiet, aber im Laufe der Jahre ist mir das eine oder andere doch klar geworden. Viele Fragen sind unbeantwortet geblieben oder sogar neu entstanden.

Aus meiner persönlichen Erfahrung stellt es sich folgendermaßen dar: Als ich mit der Lichternährung begann, war ich gerade 51 Jahre alt. Ich war gesundheitlich in einer schwierigen Situation, die für mich durchaus auch ein ernstes Motiv für diese Umstellung war, und unter diesem Aspekt ist mir die Ernährungsumstellung auch sehr gut bekommen. Seither war ich nicht mehr beim Arzt, zumindest nicht wegen irgendwelchen chronischen körperlichen Beschwerden. Das soll natürlich in keiner Weise heißen, dass die Methode der Lichtnahrung ein Allheilmittel ist, aber sie ist sicherlich eine sehr gute Hilfe, um sich gesünder zu halten, als man sonst wäre. Ich selbst bin zum Beispiel mein Übergewicht los, mein Körpergewicht hat sich auf einem guten niedrigen Wert stabilisiert und ist mehr oder weniger konstant, abhängig davon, wie viel ich trinke und wie viel ich mich körperlich anstrenge. Und – Sie können mir glauben – es geht mir wirklich gut. Ich fühle mich körperlich sehr fit und habe zudem die Erfahrung gemacht, dass zum Beispiel die Heilung bei Verletzungen sehr gut und schnell verläuft, besser und schneller, als ich es früher erlebt habe. Meine früheren körperlichen und gesundheitlichen Probleme, mein hoher Blutdruck etwa, der sicherlich im Zusammenhang mit dem Übergewicht stand, hat sich normalisiert. Ich fühle mich im Ganzen ausgesprochen vital.

Inzwischen bin ich mehrmals gründlich medizinisch untersucht worden mit dem Resultat, dass zu meiner großen Beruhigung und Bestätigung alles, sämtliche jemals gemessenen Werte, ob nun im Blut oder im Urin, völlig normal sind.

Motive jenseits des Körperlichen

Nun hat diese Ernährungsweise natürlich nicht nur die rein körperliche Komponente, sondern auch andere wichtige und tiefergehende Aspekte. Es gibt sicherlich viele sehr unterschiedliche Motive, sich auf einen solchen Prozess einzulassen, und auch bei mir selbst stand das Körperliche, die Gesundheit, letztlich nicht im Mittelpunkt der Entscheidung. Eher war es wohl ein inneres Interesse, eine gewisse Faszination, diesen Prozess einfach einmal zu probieren. Dabei spielte die Frage, für mich vielleicht neue, unbekannte Möglichkeiten auf dem seelisch-geistigen Gebiet zu entdecken, durchaus eine Rolle. Eine Erwartung, die sich sofort in guter Weise bestätigt hat. Ich fühle mich emotional viel stabiler als früher und geistig sehr viel wacher und beweglicher. Ich kann mich viel besser konzentrieren, ich brauche deutlich weniger Schlaf, komme kräftemäßig gut über den Tag und fühle mich sehr wohl.

Natürlich ist diese Ernährungsweise kein Wundermittel. Ich bin nicht hellsichtig geworden, ich kann nicht über Wasser laufen, aber das will ich auch nicht. Doch wenn man auf diesen Gebieten Ambitionen hätte, wäre es wahrscheinlich eine gute Voraussetzung, um solche Fähigkeiten zu erwerben. Ich bin tief davon überzeugt, dass sich für jede Entwicklung, die man persönlich anstrebt, durch Lichternährung eine Hilfe ergibt, und dies in jedem Fall auf eine gesunde und gute Weise. Sie kann auch eine zusätzliche Hilfe zum Heilen aller möglichen Krankheiten darstellen, die

dann vielleicht trotzdem bestehen bleiben, weil es unter Umständen eines bestimmten Krankheits- oder Gesundungsprozesses bedarf, der durchlaufen sein will. Damit will ich sagen, dass man sich von so einer Ernährungsweise nicht gezielt ein spezielles Resultat versprechen sollte.

Die eigentliche Erfahrung der »Lichternährung«

Was passiert eigentlich bei der Lichternährung? Wie wird sie erlebt und wahrgenommen? Nach dem 21-Tage-Prozess oder eigentlich schon im Laufe der ersten Woche war mir eindeutig klar, dass ich irgendwie ernährt werde. Ernährt im Sinne von: Da ist irgendeine Kraft, eine Kraftquelle, ein Lebensstrom, eine gewisse Lebenskraft, die deutlich zu spüren ist. Das war in den allerersten Tagen des Prozesses noch nicht vorhanden, sondern tauchte erst nach etwa vier Tagen plötzlich auf und ist bis heute geblieben. Es unterscheidet sich davon, wie man es von der üblichen Ernährung her kennt; wenn man normal isst und trinkt, gibt es einen Rhythmus von essen und verdauen und dann ausscheiden. Das ist bei der Lichtnahrung eigenartigerweise nicht der Fall. Zumindest habe ich so etwas bisher nie bemerkt. Auch nicht, dass man irgendetwas Spezielles tun muss, um durch diese Kräfte ernährt zu werden.

Das bedeutet, Lichternährung geschieht kontinuierlich und wie von selbst. Bezüglich der mentalen Begleitung des Prozesses habe und hatte ich meine ganz persönlichen, individuellen Meditationen, die ich schätze, regelmäßig praktiziere und die sich in der Zeit nach meiner Ernährungsumstellung auch intensiviert haben. Aber dies ist sicherlich keine Voraussetzung, um den Prozess durchführen und sich auf diese Weise ernähren zu können. Man fühlt sich in Bezug auf die Ernährung vielmehr so wie ein Fisch im Wasser, der immer nass ist und tun kann, was er will. So verhält es sich auch mit der Lichtnahrung.

Natürlich gibt es im alltäglichen Leben auch für mich Phasen, in denen ich erschöpft bin, und wenn ich in der Regel so um Mitternacht müde werde, habe ich einfach keine Lust und auch keine Kraft mehr, wach zu bleiben. Dabei schlafe ich relativ wenig, normalerweise tief und fest, und bin ausgeruht, wenn ich aufwache, so dass es wieder für den nächsten Tag reicht.

Bei der Lichtnahrung handelt es sich also nicht um eine Ernährungsart, wie man sie üblicherweise kennt und bei der man etwas tun muss, damit sie geschieht, sondern es ist wie ein unerwartetes Geschenk, wie eine Gnade.

Lebensenergie
Bei der Lichternährung fließt die Energie oder Kraft, oder wie immer man das nennen will, in einen hinein und ist einfach vorhanden, wenn man sie braucht. Die Produktion hängt auch vom Verbrauch ab, das ist eine Art Naturgesetz. Ich treibe zum Beispiel Sport und habe eine gute Kondition, jedenfalls eine viel bessere als früher.

Die Bezeichnung »Lichtnahrung« weckt oft falsche Vorstellungen. So höre ich von Freunden und Bekannten immer wieder: »Gehst du denn mittags in die Sonne? Legst du dich in der Badehose hin, wenn andere Menschen essen?« Natürlich ist das absolut nicht der Fall, und es ist auch gar nicht nötig. Um das zu verstehen, müssen wir den Begriff »Licht« und das, was wir in diesem Zusammenhang darunter verstehen, etwas genauer fassen: Wenn wir von Licht reden, verbinden wir damit meistens die Vorstellung von Hell und Dunkel und von verschiedenen Farben. Das ist aber ungenau und nicht das eigentliche Licht. Hell und Dunkel und die verschiedenen Farben sind nicht Licht, sondern lediglich Wirkungen des Lichts. Licht selbst ist unsichtbar. Licht ist überall, sehen kann man aber nur seine Wirkungen, zum Beispiel durch die Reflexion von Teilen des Lichtes an der Materie und die dadurch entstehenden Farberscheinungen. Licht ist selbst unter der Erde vorhanden, so dass man sicherlich auch dort, in der Dunkelheit, zumindest eine Weile von Lichtnahrung leben könnte. Insofern ist die Bezeichnung »Lichtnahrung« missverständlich.

Es ist einfach eine ubiquitäre, eine überall vorhandene Energie, die sich unter anderem auch im Licht offenbart. Das Licht bildet die Grenze zwischen dem Materiellen und dem Immateriellen. Das Licht hat auch diese feinen gegensätzlichen Qualitäten, einerseits den Wellencharakter und andererseits den Impulscharakter. Es spielt sich also an der Grenze zwischen dem Materiellen und dem Geistigen ab, weshalb der Begriff »Lichtnahrung« dennoch der bestmögliche ist. Aber es handelt sich auch um mehr als »Licht-Nahrung«, und man kann es ganz unterschiedlich bezeichnen, ob man es letztlich Christus, Allah, Krishna oder wie auch immer nennt.

Verständnishilfen
Das Phänomen Lichtnahrung ist schwer zu erklären und noch schwerer zu verstehen. Die Vorstellung einer Energie, die man auf eine neue, ungewöhnliche Art irgendwie aus der Luft oder aus dem Licht aufnimmt, könnte man noch nachvollziehen. Mit der

Stofflichkeit, mit der Materie aber wird es schon wesentlich schwieriger.

Normalerweise geht man davon aus, dass Energie und Materie im alltäglichen Leben nicht kompatibel und voneinander unabhängig sind, obwohl jeder Physiker seit den Entdeckungen und Überlegungen von Albert Einstein weiß, dass Energie und Materie eigentlich das Gleiche ist. Wir sind es gewohnt, dass Materie stabil ist und sich eben nicht in Energie umwandelt und umgekehrt. Wenn es doch geschieht, wie etwa beim radioaktiven Zerfall, dauert es normalerweise sehr lange, und wenn es schnell geht wie bei der Kernspaltung in der Atombombe, dann geschieht es mit fast unkontrollierbarer, ungeheurer Macht. Es werden dann gewaltige Energiemengen frei, was aber schließlich gar nicht so phänomenal ist und von den Physikern problemlos verstanden wird.

Wenn man nun nichts mehr isst und wenig trinkt und trotzdem sein Körpergewicht konstant hält, scheint das vom Gesichtspunkt der Stofflichkeit des Körpers her nicht aufzugehen. Jeder Mensch atmet pro Tag etwa einen halben Liter Wasser aus, und einen zusätzlichen halben Liter verdunstet er über die Haut, um seine Körpertemperatur konstant zu halten. Man müsste allein dafür mindestens einen Liter Wasser trinken, und wenn man das nicht tut und das Körpergewicht dennoch konstant hält, ergibt das keinen Sinn. Wenn dann auch noch die Haare und Nägel wachsen, die Haut sich abschuppt und über den Schweiß Salze abgegeben werden, dann muss man sich fragen: »Wo kommt das denn alles her?« Das ist die entscheidende Frage: Wo kommt das her?

Ernährung aus der Sicht Rudolf Steiners

Seit vielen Jahren befasse ich mich mit der Anthroposophie Rudolf Steiners und habe in seinem Werk tatsächlich ein paar Brücken zu einem möglichen Verständnis dieses Phänomens gefunden. Es gibt in unseren Lebenszusammenhängen fast nichts, wozu sich in seinem umfangreichen Werk nichts finden lässt. Zum Thema der »Lichtnahrung« direkt hat er nichts gesagt. Dennoch gibt es eine Reihe von Hinweisen, die weiterhelfen können.

Über Materie, über die Stoffe sagt Steiner, dass alle Stoffe, alle Materie letztlich »verdichtetes, kondensiertes, zusammengedrücktes Licht« sei. Es sind eigentlich eingefrorene Prozesse. Dass das flüssige und bewegliche Wasser die Form von Dampf annehmen kann, äußerst flüchtig und fein verteilt, dass es durch Absenken der Temperatur fest werden kann als Eis und damit unbeweglich, wissen wir alle aus Erfahrung. Gemäß dieser Analogie ist nach

Steiner alle Materie kondensiertes, zusammengezogenes, verdichtetes Licht. Das lässt sich als Ausgangspunkt zum Verständnis der Lichtnahrung bereits gut gebrauchen.

Über die Ernährung selbst hat Rudolf Steiner ziemlich viel gesagt. Er hat einige Vorträge darüber gehalten, was der Mensch als Nahrung braucht: Eiweiße, Fette, Kohlehydrate, Mineralien. Über das Wasser spricht er in diesem Zusammenhange eigenartigerweise nicht, obwohl ich meine, dass das Wasser dabei eigentlich das Wichtigste ist. Über die Ernährung gibt es einen interessanten Vortrag, in dem Steiner am Beispiel der Kartoffel schildert, wie diese normalerweise abläuft. Am Schluss seiner Ausführungen beschreibt er dann, dass wir nur essen, damit unser Körper durch die Anstrengung der Verdauung einen Reiz bekommt, aus dem Ätherischen, also aus dem Umkreis, aus den allgemeinen Lebenskräften heraus, etwas aufzunehmen, was dabei zu dem Stoff wird, der unseren Körper erhält und aufbaut. Man isst also zum Beispiel eine Kartoffel, zerlegt sie, verdaut sie, und erst durch diesen Prozess kommt man in die Lage, aus dem ätherischen Umfeld Lebenskräfte aufzunehmen und zu Stoffen zu verdichten. Das heißt, unser Körper setzt sich zusammen oder strukturiert sich stofflich dadurch, dass Licht oder Lichtkräfte aufgenommen und verdichtet werden. (Siehe dazu auch Seite 17ff.)

Fragen aus der Zuhörerschaft zum Thema

Grundsätzliches

Frage: Sie sagten in Ihrem Vortrag, dass diese Art der Ernährung früher im Allgemeinen so nicht möglich war. Was war denn früher anders, wann hat sich diesbezüglich etwas verändert?
Ich bin davon überzeugt, dass Lichternährung früher nur in Ausnahmefällen möglich war. Als Beispiele habe ich Niklaus von Flüe und Therese von Konnersreuth erwähnt. Heute ist es aber allgemein möglich, und das ist ein neues Phänomen, das meines Wissens plötzlich, inspiriert durch ein Channeling angeblich in Australien, auftauchte. Es muss Ende der achtziger Jahre gewesen sein. Danach wurde diese Methode praktiziert und propagiert. Ich glaube, dass das vorher für die Allgemeinheit nicht zugänglich war; ich sage ganz bewusst zugänglich, denn bekannt war es schon vorher. Ich erlebe die Verhältnisse auf der Erde momentan als so kritisch, dass diese Möglichkeit geschaffen werden konnte oder sogar geschaffen

werden musste, um einen neuen, helfenden Impuls für die Bewusstseinsentwicklung der Menschen zu geben, die dazu bereit sind. Vor allem deshalb, weil es eine gute Möglichkeit ist, Menschen aus ihrem materialistischen Weltbild aufzurütteln. Sei es, dass sie das Phänomen Lichtnahrung selbst erleben, sei es, dass sie es glaubhaft vorgeführt bekommen, und ich bin fest davon überzeugt, dass dies gut so ist.

Frage: Wodurch haben sich diese Verhältnisse verändert, wodurch ist diese neue Möglichkeit entstanden?
Das ist ganz einfach. Es ist ein Geschenk aus der geistigen Welt an uns Menschen. Es ist einfach eine neue Möglichkeit, aber es ist wohl auch ein Versuch, bei dem man noch nicht genau absehen kann, ob das Ziel erreicht wird, möglichst vielen Menschen zu helfen, neue Einsichten zu erlangen. Es ist so, wie die Sonne morgens langsam aufgeht und zunehmend Licht in die Dunkelheit bringt. Dann wird man sehen, ob es ein warmer, strahlend heller Tag wird und der Nebel und die Wolken sich verziehen. Das hängt von vielen Faktoren ab und ist nicht immer genau vorherzusehen.

Frage: In dem Buch »Lichtnahrung« von Jasmuheen werden sehr vielschichtige Quellen für den Lichtnahrungsprozess genannt. In der Esoterik mehr oder weniger bekannte Meister sowie Engelwesen aus den Traditionen des Ostens und des Westens werden dabei als Helfer erwähnt. Wie stehen Sie persönlich dazu? Können Sie da auch eine christliche Grundlage sehen?
Meines Wissens ist der Weg über den 21-Tage-Prozess für die allgemeine Menschheit relativ neu. Über seinen Ursprung und sein Auftreten gerade heute kann ich nur spekulieren. Ich stelle mir vor, dass die Lichternährung in der geradlinigen Entwicklung der Menschheitsevolution zum jetzigen Zeitpunkt eigentlich nicht vorgesehen war. Diese Möglichkeit kam also überraschend und war nicht unbedingt vorhersehbar. Das hängt sicherlich damit zusammen, dass unsere Erdenverhältnisse ganz offensichtlich an einen kritischen Punkt der Entwicklung gelangt sind. Heute schaut die geistige Welt, und damit meine ich die guten und positiven Geisteswesen und Menschheitsführer, mit Sorge und Verzweiflung auf den Planeten Erde und die Menschheit und sieht, dass die überwiegende Zahl der Menschen den destruktiven und nicht mehr zeitgemäßen Materialismus nicht durchbrechen können. Dabei ist das Phänomen Lichtnahrung sicherlich nur eine von vielen Möglichkeiten, um zu helfen, diese Verhältnisse zu verbessern.

Frage: Sie betonen sehr, dass der von Ihnen geschilderte Prozess nicht an Ihre Persönlichkeit, an Ihre Person gebunden ist. Kann das wirklich jeder machen?
Ja, das ist wohl so. Die Möglichkeit, sich der Lichtnahrung zu öffnen, hat wohl jeder Mensch; die Entscheidung, es zu tun, ist natürlich eine ganz individuelle, persönliche Angelegenheit. Da muss jeder Mensch selbst wissen und entscheiden, ob dieser Weg für ihn erstrebenswert, sinnvoll und nötig ist. Dennoch, die einzige Voraussetzung, die man mitbringen muss, um seine Ernährung umzustellen, ist, dass man daran glaubt, oder besser gesagt, dass man Vertrauen in die helfenden und ernährenden Kräfte aus dem Geistigen hat. Wenn also jemand die Lichternährung selbst probieren will und positiv und offen darauf zugeht, wird es auch funktionieren. Aber man muss es natürlich wirklich wollen.

Ich weiß durch den Umgang mit dieses Dingen sehr genau, wie schwer sich viele Menschen heute damit tun, das Phänomen der Lichtnahrung unbefangen, offen und positiv anzuschauen. Und deshalb gibt es auch nicht viele Menschen, die es letztlich machen oder machen werden.

Frage: Wie hoch ist die Anzahl Ihrer Mitstreiter, wie viele Menschen gibt es, die von Lichtnahrung leben?
Ganz genau weiß das vermutlich niemand, aber es werden sicherlich ein paar Tausend sein. Die Methode ist nun seit vielen Jahren bekannt, es wird darüber geredet und geschrieben. Vielleicht sind es auch nur ein paar Hundert, ich weiß es nicht. Persönlich kenne ich etwa zwanzig bis dreißig Menschen. Das ist aber eine rein zufällige Anzahl und Auswahl. Und wie viele Menschen auf anderen Wegen zur Ernährung durch kosmische Kräfte, Licht oder Prana gekommen sind, wie viele Yogis das durch Askese erlangt haben und praktizieren, das weiß vermutlich auch niemand.

Es gibt keine definierte und strukturierte Organisation und keine äußerliche Zusammenarbeit. Man findet heute natürlich im Internet unter dem Stichwort Lichtnahrung einiges und auch Foren, in denen munter Informationen ausgetauscht werden, aber das ist sehr unkoordiniert und für mich immer etwas frustrierend. Dennoch ist es eine »Bewegung«, die bekannt ist und sich in den letzten Jahren merklich verbreitet hat.

Frage: Ich könnte mir vorstellen, dass vor allem junge Menschen von der Möglichkeit der Lichternährung fasziniert sind. Sehen Sie nicht die Notwendigkeit, vor diesem Schritt auch zu warnen?

Ich habe schon eine ganze Reihe von Vorträgen zu diesem Thema gehalten, und es waren auch immer junge Menschen da. Die Reaktionen der Zuhörer sind, ganz unabhängig vom Alter, durchwegs sehr positiv. Die Anzahl der Menschen aber, die angeregt durch meine Ausführungen den Prozess dann durchlaufen haben, kann man an zwei Händen abzählen. Es gab, gibt und wird auch keine Massenbewegung zur Lichternährung geben. Dazu ist der Schritt wohl zu extrem, so dass nur sehr wenige Menschen letztlich über diese Brücke gehen. Die Lichtnahrung steht von sich aus in gewisser Weise unter einem Schutz, einem Schutz vor leichtfertigem Missbrauch. Menschen, die es nicht machen sollen, tun es auch nicht. Das gilt im Übrigen für sehr vieles im Leben, wobei im individuellen Einzelfall natürlich jede Ausnahme und auch jede unglückliche Konstellation möglich ist.

Frage: Jeden Tag verhungern Tausende von hilflosen Kindern. Könnten Kinder den Lichtnahrungsprozess eigentlich auch durchführen?
Ich denke, das hängt von den Kindern und deren Begleitung in dem Prozess ab, aber grundsätzlich bin ich davon überzeugt, dass es geht. Wenn man den Gedanken zulässt, dass Menschen heute von Licht ernährt werden können, dann kann es keine Frage des Alters sein. Entweder es geht, oder es geht nicht. Dass ein Kind vielleicht nicht die Bewusstseinskraft hat, die notwendige Sicherheit und das Vertrauen zu entwickeln, das ist eine andere Geschichte. Oder dass Kinder sicherlich schneller und leichter aus Gewohnheit, Konvention oder sozialem Druck wieder zurückfallen und sagen, sie hätten eigentlich Hunger und Durst, wäre auch verständlich. Aber grundsätzlich kann es nicht sein, dass man sagt, für Kinder ist das nichts und für Diabetiker ist das nichts und für Rekonvaleszente ist das nichts und so weiter. Was nun das eigentliche Hungerproblem angeht, glaube ich aber keineswegs, dass die Lichternährung eine Methode ist, um dieses Problem in der Welt zu lösen.

Frage: Wir haben von Gott unseren Magen, unser Verdauungssystem, unsere Zähne usw. bekommen, und Sie missachten das in gewisser Weise. Sie machen die Lichternährung als ein Mensch, der in einem Land des Überflusses lebt. Ich glaube, die Menschen in den armen Ländern könnten sich so etwas nicht erlauben.
Das sind wichtige Aspekte, die berechtigt sind und die man sehr ernst nehmen muss. Dadurch, dass ich nichts esse, leiste ich natürlich nicht den ganzen, möglichen Beitrag im Sinne des »Macht

Euch die Erde untertan«. Das muss ich mit anderen Möglichkeiten zu kompensieren versuchen. Wenn Lichtnahrung in eine Verachtung von Stoff, Materie, Pflanzen usw. ausartet, wäre das sicherlich völlig verkehrt und keine Hilfe, sondern eher ein Schaden. Ich bemühe, beobachte und prüfe mich in diesem Punkt sehr genau und kann sagen, dass ich eine intensive Beziehung zu diesen Naturreichen pflege und auch neu bekommen habe, seit ich nichts mehr esse. Zum Umgang mit meinem Körper kann ich noch eine interessante und wohl typische Erfahrung berichten: Seit ich nichts mehr esse, habe ich eine auffallend intensivere, schönere und liebevollere Beziehung zu meinem Körper bekommen und kann ganz anders mit ihm umgehen. Doch dies kann man sicherlich auch auf anderen Wegen erreichen oder kultivieren.

Zum zweiten Teil der Frage: Jeden Tag verhungern Tausende von Menschen, hauptsächlich Kinder, und wenn man sagt: »Die brauchen doch nichts zu essen, es gibt doch die Möglichkeit, sich durch Licht zu ernähren«, dann ist das zynisch und menschenverachtend. Aufhören mit Essen kann man nur, wenn man vorher satt war. Was vielleicht möglich wäre – wenn überhaupt –, ist, dass die Menschen, die genug zu essen haben, damit aufhören und dafür sorgen, dass diejenigen, die zu wenig haben, zu essen bekommen. Das wäre für mich persönlich ein durchaus denkbarer, schöner und guter Weg, aber auch das ist und bleibt vermutlich Theorie.

Frage: Ist es bei anderen Personen auch so, dass ihr Stoffwechsel so funktioniert, oder ist das von Mensch zu Mensch sehr unterschiedlich?
Wenn jemand lebt, funktioniert der Stoffwechsel so, wie er funktionieren muss, anders geht es nicht. Man kann gar nicht leben ohne Stoffwechsel. Der Mensch ist immer in einem langsam fließenden Gleichgewicht oder genauer Ungleichgewicht. Der menschliche Körper braucht immer etwas Stoffwechsel, schon allein durch die Atmung. Das wird nie ganz und für längere Zeit stillgelegt, es muss immer ein Fließgleichgewicht geben. Insofern gehe ich davon aus, dass auch ein Stoffwechsel da ist, und das wird bei allen Menschen, egal ob mit normaler Ernährung oder mit Lichtnahrung, sehr ähnlich sein. Das würde konsequenterweise dann allerdings bedeuten, dass der lebensnotwendige Stoffwechsel nicht zwangsläufig mit physischer Nahrung zu tun hat.

Frage: Haben Sie Interesse, das Thema in den Medien in einem größeren Ausmaß zu publizieren?

Solange die Medien an der eigentlichen Sache interessiert sind und nicht an meiner Person, ist das für mich in Ordnung und ich bin gerne zur Zusammenarbeit bereit, denn es ist mir ein persönliches Anliegen, dass über das Thema Lichtnahrung mehr nachgedacht, geforscht und auch mehr geschrieben wird.

Frage: Warum haben Sie eigentlich den Lichtnahrungsprozess begonnen? Was hat Sie im Grunde daran fasziniert?
Es war wohl eine gute Mischung aus Neugierde, aus persönlichen Umständen – denn ich war in dieser Zeit sehr krank und habe mir Hilfe davon erhofft – und einem grundsätzlichen esoterischen Interesse, das heißt dem innigen Wunsch, mich zu verbessern und zu vervollkommnen.

Frage: Sie haben vor etwa vier Jahren Ihre Ernährung auf Lichtnahrung umgestellt. Welche hauptsächlichen Veränderungen haben Sie dabei bisher festgestellt?
Ich bin deutlich gesünder und vitaler als früher und habe ein innigeres Verhältnis zu meinem Körper bekommen und ihn mehr schätzen und lieben gelernt, als ich das vorher konnte. Ich fühle mich auf angenehme, gesunde und natürliche Weise direkter und intimer mit meinem Körper verbunden. Meine Abwehr- und Regenerationskräfte sind merklich stärker als früher. Ich war praktisch nicht mehr krank und habe bei kleinen Verletzungen, wie sie im Alltäglichen immer wieder vorkommen, eine erstaunlich schnelle und gute Wundheilung bemerkt.

Emotional fühle ich mich ausgesprochen stabil und mental deutlich bereichert, denn meine Konzentrationsfähigkeit und meine Gedächtnisleistung zum Beispiel sind viel besser als früher. Ich habe aber nach meiner Ernährungsumstellung auch schnell erkannt, dass diese Lebensweise keine Wunder bewirkt, und das hat mich wiederum auch sehr beruhigt, denn ich möchte meine persönliche Entwicklung natürlich möglichst bewusst steuern und möglichst selbst gestalten oder zumindest mitgestalten.

Frage: Sie sagten, eine ganz wesentliche Bedingung, um den 21-Tage-Prozess durchführen zu können, sei, sich dem Gedanken hinzugeben, dass man ohne Wenn und Aber von den Lichtkräften ernährt wird. Bedeutet dies eine dauernde starke Konzentration darauf?
Nein. Man muss sich dieser Sphäre mit Vertrauen zuwenden, selbst wenn tausend logische Gründe gegen diese Ernährungsweise sprechen, mehr ist eigentlich gar nicht nötig. Der Lichtnahrungsvor-

gang ist ein Geschenk der uns umgebenden und durchdringenden geistigen Welt, ein Versuch, die zurzeit verheerenden Auswirkungen des Materialismus zu durchbrechen, davon bin ich fest überzeugt.

Das logische und kritische Denken sollte natürlich immer dabei sein, aber damit kommen wir schnell an Grenzen. Selbst wenn Sie nur ein Käsebrot essen und die Verdauung genau verstehen wollen, kommen Sie bald an eine Grenze. Aber – es funktioniert trotzdem, man ernährt sich, auch ohne die Verdauung genau zu verstehen. Das Vertrauen in das Gute und das Helfende ist alles, was man braucht.

Frage: Was, meinen Sie, ist Lichtnahrung eigentlich wirklich? Wovon ernähren Sie sich?
Das ist sehr schwer zu beantworten, sehr schwer in verständliche Worte zu fassen. Aber der Begriff »Lichtnahrung« wird der Wirklichkeit wahrscheinlich am gerechtesten. Das Wort »Licht« ist praktisch weltweit positiv besetzt, denn Licht steht für Wärme, Kraft, Erleuchtung und positive Evolution. Es ist angesiedelt an der Grenze zwischen dem Physischen und dem Metaphysischen. Viele Menschen umschreiben den Ursprung der Lichtnahrung lieber mit Begriffen wie kosmische Energie, Prana, Chi, Christuskraft oder Ähnlichem. Das ist letztlich nur eine Frage des Sprachgebrauchs oder des kulturellen Hintergrunds und für die Sache selbst und die dahinterstehende Wahrheit nicht entscheidend.

Der Vorgang ist sehr intim und subtil; ich erlebe ihn als sehr positiv, sehr liebevoll und vertrauenserweckend.

Frage: Können Sie etwas zum Unterschied zwischen Fasten und Lichternährung sagen?
Wenn man fastet, dann heißt das normalerweise, dass man seinem Körper die Nahrung und damit einen Teil der Ernährung entzieht. Der Körper schaltet dann notgedrungen auf Reserve, laugt sich aus, baut sich ab, und letztlich geht es dann vor allem ohne Trinken nicht mehr lange weiter. Normalerweise fastet man, um den Körper zu reinigen, indem man Überflüssiges, angesammelten Ballast und Giftstoffe abwirft, den Körper ausspült, wobei es sicherlich auch noch andere Aspekte gibt.

Wenn man nun aber den 21-Tage-Prozess gemacht hat und von den Lichtkräften ernährt wird, ist das etwas völlig anderes. Es beginnt zwar in den ersten Tagen schon so wie bei einer Fastenkur, aber nach drei oder vier Tagen bemerkt man dann deutlich, dass es kein Fasten mehr ist. Man erlebt eindeutig, dass man wieder ernährt wird.

Frage: Für mich ist essen und trinken auch ein Genuss. Fehlt Ihnen dadurch etwas, dass Sie darauf verzichten? Was für andere Genüsse schaffen Sie sich zum Ausgleich?
Ich war immer ein ausgesprochener Genussesser und habe, was das Essen und Trinken angeht, praktisch keine Sünde ausgelassen. Bis zu 96 Kilogramm Gewicht habe ich auf die Waage gebracht. Bevor ich dann den 21-Tage-Prozess begonnen habe, war mir natürlich auch nicht ganz klar, wie es ohne Essen für mich überhaupt gehen soll, ob mir nicht doch etwas fehlen würde. Aber es war und ist praktisch kein Problem. Es kann schon einmal sein, dass ich ein Stück Schokolade esse oder ein Stückchen Käse, meinen Kindern ein Stück von der Pizza abbeiße, um sie zu ärgern, oder etwas Ähnliches. Aber der eigentliche Genuss des Essens hört ohnehin spätestens beim Kehlkopf auf. Sobald Sie das Essen runterschlucken, haben Sie normalerweise nur noch Ärger damit ...

Doch im Ernst: Ich genieße es unglaublich, beim Essen dabei zu sein, Essen zu sehen, zu riechen – wie vorhin in der Cafeteria so einen Teller mit den gebackenen Tomaten –, das ist schon etwas Feines. Und ich kann das wirklich auch genießen. Ab und zu habe ich dann schon Appetit. Dann esse ich vielleicht ein paar Weintrauben oder Nüsse oder irgendetwas anderes. Aber ich kann ohne Probleme auf das Essen verzichten.

Frage: Ich habe gehört, dass es Menschen gab, die sich an diese Methode gehalten haben und dabei gestorben sind.
Das habe ich auch gelesen. Es gibt angeblich drei Fälle, über die im Internet berichtet worden ist; vielleicht gibt es mehr, das weiß ich nicht. Ich kenne diese Fälle nicht ausreichend genau, um etwas Verbindliches dazu sagen zu können. Die wenigen Informationen, die es dazu gibt, lassen jedoch darauf schließen, dass die Ausgangssituation bei diesen Menschen eher problematisch war, mit schwieriger Drogenvergangenheit und extremer Lebensweise und Lebenshaltung. Situationen, in denen ich vermutlich gesagt hätte, lasst im Moment die Hände davon. Eine gewisse Stabilität und ein gewisses Maß an selbstsicherer Eigenverantwortung sollten in jedem Fall vorhanden sein.

Zum anderen muss man die Dinge auch immer in der richtigen Relation sehen. Wenn es zum Beispiel heißt, eine bestimmte Diät oder jeden Morgen zehn Minuten auf dem Kopf stehen ist gut für die Gesundheit und gegen alle Übel dieser Welt, und es tun dies dann vielleicht Tausende von Menschen regelmäßig, dann wird es auch vorkommen, dass einmal ein Mensch dabei stirbt. Oder andersherum gesagt: Wenn Tausende von Menschen, wie anzunehmen ist, durch diesen Prozess gegangen sind, sieben Tage nichts getrunken, drei Wochen nichts gegessen haben, und es sind von ihnen drei gestorben, dann muss das nichts weiter über diese Methode aussagen. Ich will das damit etwas relativieren, aber durchaus nicht verharmlosen, denn bei jedem dieser Fälle handelt es sich sicherlich um eine tragische, für alle Beteiligten schlimme Geschichte. Doch eine Bewertung im Sinne einer Risikoanalyse muss jeder mit sich selbst abmachen.

Zum 21-Tage-Prozess

Frage: In dem Buch »Lichtnahrung« steht, dass die ersten Tage des 21-Tage-Prozesses die schwierigsten sind, dass man zum Beispiel ununterbrochen schwitzt und die Hitze dabei so gewaltig sei, dass man praktisch gezwungen ist, sich abzukühlen. Wie haben Sie selbst das empfunden?

Wie ich vorhin in meinen Ausführungen geschildert habe, isst und trinkt man in diesen ersten Tagen überhaupt nichts. Dabei kann dann vieles passieren, und was im Einzelnen geschieht, ist sehr persönlich und individuell. Im erwähnten Buch von Jasmuheen heißt es, dass die ersten Tage sehr anstrengend sind und eine bestimmte Symptomatik mit sich bringen können, wie zum Beispiel starkes Schwitzen und Ähnliches. Ich selbst habe das als Reinigungsprozess erlebt und kann das im Wesentlichen alles bestätigen, auch gewisse Schwächeanfälle. Aber dies scheint oft notwendig, und die ersten Tage sind daher physiologisch, körperlich gesehen, der schwierigste Teil des Prozesses. Die zweite Woche ist vielleicht emotional schwieriger; die erste Woche ist viel zu anstrengend, auch zu spannend, um emotional ein wirkliches Problem zu sein. Aber es war für mich und auch für die anderen Menschen, die ich persönlich kenne und die den 21-Tage-Prozess durchgemacht haben, alles durchaus handhabbar.

Frage: Ist es nicht so, dass sie Eis essen müssen, um sich abzukühlen? Oder ununterbrochen baden müssen?

Das kann man nicht so allgemein und so ausschließlich sagen. Es wird berichtet, dass es oft zu Hitzewallungen kommt. Ich selbst habe keine gehabt; vielleicht habe ich nicht »den richtigen Kopf«

dazu. Man muss sich in jedem Fall auf ganz natürliche Weise zu helfen wissen. Ich habe während dieser Zeit auffallend viel gefroren, habe deshalb oft heiße Bäder genommen. Aber ich denke, dafür kann man immer mit dem gesunden Menschenverstand eine Lösung finden. Ich hatte zum Beispiel nie das Gefühl, ich müsse einen Arzt konsultieren oder Hilfe holen. Das habe ich auch bei den Menschen, die ich durch diesen Prozess begleitet habe, nie erlebt. Eis essen, wie Sie gesagt haben, ist aber natürlich nicht erlaubt. Gemeint ist, Eiswürfel zu kauen, ohne dabei etwas von der Flüssigkeit zu verschlucken.

Frage: Zu Beginn des vierten Tages nimmt nach Jasmuheen angeblich eine »himmlische Brüderschaft« ihre Arbeit auf, um die normalerweise einsetzenden Todesprozesse zu verhindern. Haben Sie das bewusst erlebt und können Sie das näher beschreiben?
Nein, ich habe keine übersinnlichen Wahrnehmungen von einem solchen Vorgang gehabt und auch keine höheren Geistwesen direkt wahrgenommen. Aber ich erlebte in dieser Zeit einen starken Kraftfluss aus dem Bereich, den ich persönlich mit der Christuswirksamkeit in Verbindung bringe, und war sehr glücklich darüber. Ich wollte es gerne stärker und direkter wahrnehmen, habe in der Nacht dann aber doch tief und fest geschlafen und am Morgen nur festgestellt, dass eine deutliche Veränderung stattgefunden hat. Ich fühlte mich eindeutig ernährt, und das ist bis heute so geblieben.

Frage: Haben Sie während des 21-Tage-Prozesses hellsichtige oder andere sogenannte übersinnliche Erfahrungen gemacht?
Ich bin nicht hellsichtig geworden und habe auch keine bewusste Kommunikation mit einem Engel gehabt oder Ähnliches, aber meine Sensibilität hat merklich zugenommen. Es gibt in mir ein eindeutig positives Grundgefühl, und das war keine anfängliche Euphorie, sondern hält bis heute an. Ein Gefühl, dass ich auf einem guten Weg bin, aber Wunder sind nicht passiert.

Frage: Noch einmal zur Flüssigkeitsaufnahme. Sie sprachen davon, dass Ihr Körper einfiel, als Sie ganz auf Flüssigkeit verzichteten. Können Sie das etwas genauer beschreiben?
Tatsache ist, dass man bei der Lichternährung eigentlich gar keine Flüssigkeitsaufnahme braucht. Während der Umstellungsphase kommt es natürlich zu starkem Flüssigkeitsentzug, und eine Dehydrierung tritt ein. Das sieht man natürlich am Anfang auch äußer-

lich, und es braucht einige Zeit, bis sich das wieder normalisiert und bis man sich auf seine neuen physischen Verhältnisse eingestellt hat. Aber es geht letztlich um Essen *und* Trinken. Es geht darum, dass man *alle Nahrung* aus einer anderen Quelle schöpft, und das bedeutet, ich betone es nochmals, Essen und Trinken. Das gäbe sonst keinen Sinn und wäre völlig inkonsequent gedacht.

Frage: Zur erneuten Flüssigkeitsaufnahme nach den ersten sieben Tagen. In dem Buch »Lichtnahrung« steht geschrieben, dass man nicht selbst entscheiden soll, wann man wieder mit dem Trinken anfängt. Hatten Sie da ein inneres Gefühl, das Ihnen sagte: »Jetzt darfst du wieder trinken«?
In dem Buch steht grundsätzlich: 7 Tage nichts trinken. Und 7 Tage sind 7 mal 24 Stunden. Und so habe ich das auch gemacht. Es ist sicherlich notwendig und wichtig, bei der Durchführung einer solchen Umstellung willkürliche und stimmungsabhängige Entscheidungen zu vermeiden, denn sonst könnte völlig unkontrollierbar alles Mögliche passieren. In dem Buch ist in Hinblick auf die Durchführung des Prozesses leider eine Angabe enthalten, die etwas unklar, genau genommen beinahe fatal ist, nämlich, dass man gegebenenfalls auch schon vor Ablauf der sieben Tage anfangen kann, wieder zu trinken. Das solle man aber nicht selbst entscheiden, sondern es erst tun, wenn man einen Impuls bekomme, der einen dann ganz sicher mache. So eine Aussage kann natürlich schnell problematisch sein. Ich denke, da sollte man sicherheitshalber stur oder besser korrekt sein, die 7 Tage als 7 mal 24 Stunden absolvieren und dann vielleicht der geistigen Welt noch ein paar Stunden zusätzlich schenken – und dann ist es bestimmt gut.

Frage: Haben Sie den Prozess allein durchgeführt oder hatten Sie einen Mentor?
Jasmuheen beschreibt eindrücklich und eindeutig, dass es nicht nur ratsam, sondern auch dringend notwendig ist, bei diesem Prozess einen persönlichen Mentor zu haben, einen Menschen, den man gut kennt, dem man vertraut, der weiß, was man tut, und der während des Prozesses nach einem schaut. Am besten jemanden, der den Prozess selbst schon gemacht hat. Ich hatte mit der guten Freundin meiner Frau jemanden, auf den ich mich dabei verlassen konnte. Ansonsten habe ich den Prozess allein gemacht. Das war kein Problem. Aber ich würde dennoch niemandem raten, sich mit einem Fallschirm auf eine einsame Insel

absetzen zu lassen, um den Prozess ganz in Ruhe zu machen. Das muss auch nicht sein.

Es gibt auch die Möglichkeit, den 21-Tage-Prozess in einer Gruppe zu machen, mit der Begleitung von jemandem, der schon Erfahrung damit hat. Das wird mehrmals im Jahr angeboten und wie ein Seminar durchgeführt, mit eigenem Zimmer, in das man sich jederzeit zurückziehen kann. Man kann dann auch an Gruppengesprächen und einem Austausch teilnehmen. Das ist sicherlich keine schlechte Idee. Für mich persönlich wäre das wohl aber nicht das Richtige gewesen.

Frage: Woher weiß der Körper bei dem Umstellungsprozess, dass Sie sich auf Lichtnahrung einstellen und nicht fasten wollen?
Das weiß der Körper, weil er weise ist, sogar viel weiser als man selbst, wenn man ihm nur die Möglichkeit gibt, das zu zeigen.

Zu den Erfahrungen nach dem 21-Tage-Prozess

Frage: Sie sagten vorhin, Sie machten ziemlich viel Sport. In welchem Maße kann man denn Lichternährung mit Sport vereinbaren? Bis hin zum Ausdauersport?
Ich bin im eigentlichen Sinne kein Sportler, mache aber einigen Freizeitsport. Ich spiele regelmäßig Tennis, und ich habe dabei die Erfahrung gemacht, dass ich heute besser spiele als früher, einfach weil ich beweglicher, fitter und wohl auch reaktionsschneller bin. Das hängt natürlich auch mit meinem reduzierten Körpergewicht zusammen. Aber etwas ganz Wesentliches ist dabei, dass ich seit meiner Ernährungsumstellung ein deutlich anderes Verhältnis zu meinem Körper habe. Das ist sehr interessant und ist etwas sehr Schönes. Ich fühle mich viel verbundener mit meinem Körper. Das hat zum Beispiel auch dazu geführt, dass ich mich ausgesprochen gern bewege. Spazieren gehen, Fahrrad fahren oder auch nur eine Treppe hochlaufen ... Ich war früher vom Typ her eher bequem, eher träge oder sagen wir phlegmatisch. Was die Lichtnahrung aber für einen Leistungssportler bedeuten kann, das weiß ich nicht, das müsste man erst ausprobieren, und ich denke, das sollte kein grundsätzliches Problem sein.

Frage: Wie lange schlafen Sie jetzt im Gegensatz zu früher?
Ich war früher eigentlich eher ein Langschläfer, habe immer sehr gerne und viel geschlafen. Ich habe auch immer sehr gut geschlafen, nie etwa Albträume gehabt oder Ähnliches. Ich habe immer so

acht, neun Stunden geschlafen und wurde dann gewöhnlich vom Wecker aus dem Schlaf geholt. Jetzt schlafe ich fünf bis sechs Stunden, werde dann von allein wach und fühle mich wach, frisch und gut ausgeschlafen; normalerweise komme ich damit problemlos über den Tag. Wie auch früher schon kann ich mich nur sehr selten an Träume erinnern.

Frage: Sie sagten, dass Sie selbst regelmäßig zu den Mahlzeiten trinken. Gibt es denn Menschen, die Sie kennen, die gar nichts trinken?
Die gibt es, ja. Ich probiere das selbst auch immer wieder mal von Zeit zu Zeit. Einfach, weil es spannend und interessant ist. Ich habe schon zehn Tage nichts getrunken und mich dabei sehr wohl gefühlt. Man bekommt dann am Anfang bestimmte Symptome, die aber nicht schlimm sind, nimmt auch etwas an Gewicht ab und hat in den ersten Tagen einen trockenen Mund. Man kann sich dann allerdings ganz gut damit behelfen, dass man zum Beispiel die Zähne putzt oder den Mund spült; damit habe ich die besten Erfahrungen gemacht.

Frage: Wie reagieren denn die Zähne, wenn sie nichts mehr kauen und beißen?
Die Zähne haben in der Tat nicht mehr viel zu tun. Ich war inzwischen mehrmals beim Zahnarzt, hatte auch einmal ein Problem mit einer Plombe. Dem Zahnarzt habe ich nichts gesagt, und er hat auch nichts bemerkt – zumindest hat er nichts gesagt. Es ist also in anderen Worten alles ganz normal. Ich hatte mir natürlich wegen meiner Zähne auch schon so meine Gedanken gemacht. Denn wenn die Zähne nichts mehr zu beißen haben oder wenn man zum Beispiel durch die Wahl bestimmter Nahrungsmittel nur sehr wenig kauen muss, soll das nicht gut sein, da das Kauen wie eine Massage für das Zahnfleisch wirkt. Die Zähne sollen angeblich locker werden und drohen auszufallen. Ich kann das aber trotz meiner Ernährungsweise keineswegs bestätigen, meine Zähne verhalten sich bisher völlig normal – auch ohne dass ich ersatzweise auf einen Knochen beisse ...

Frage: Bekommen Sie durch die Lichtnahrung nicht sogar bessere Zähne?
Das weiß ich noch nicht genau. Aber man hat ja tagsüber auch sonst eine gewisse Dynamik im Mund und in den Kiefern, allein schon durch das Sprechen. Der Körper sorgt mit seiner Weisheit

schon dafür, dass er nicht rostet, wenn man ihn nur lässt. Das gilt sicherlich auch für die Zähne. Ich denke, das regelt sich auf ganz natürliche Weise von selbst. Mir ist diesbezüglich kein Problem bewusst. Ich putze mir sehr regelmäßig die Zähne, mache das sehr gründlich und gern, einfach weil es mir angenehm ist. Vielleicht reicht das schon aus.

Frage: Wenn eine schwangere Frau sich von Lichtnahrung ernährt und dann ihr Kind bekommt, ist die Muttermilch dann überflüssig?
Muttermilch hat sicherlich viele wichtige Funktionen. Da ist die Wärme, der Körperkontakt, die Liebe, das ist nicht nur rein stoffliche Ernährung. Ich weiß nicht, ob man sagen kann, das ist alles überflüssig. Wenn man die anderen Dinge kompensiert, ist vielleicht auch Muttermilch zum Aufbau eines physischen Leibes für ein Kind überflüssig. Das mag wohl sein, ich weiß es aber nicht. Wenn man konsequent denkt, müsste man es schon bejahen können, aber das ist erst einmal eine reine Behauptung.

Frage: Sie sagten, dass Sie doch ab und zu einmal ein paar Weintrauben oder Nüsse oder Ähnliches naschten. Ist das gut oder schlecht? Und: Sie haben Familie, wie reagiert die? Akzeptiert sie diese Umstellung?
Interessanterweise sind meine »kleinen Sünden« zwischendurch überhaupt kein Problem. Ich habe allerdings auch früher praktisch nie Verdauungsprobleme gehabt. Natürlich hängt alles von der Menge, der Art und den Umständen ab. Wenn man sich halbwegs vernünftig verhält, sollte so etwas auch nicht zum Problem werden; natürlich würde ich in meiner Situation keine Schweinshaxe mit Sauerkraut empfehlen, das wäre sicherlich schnell zu viel des Guten. Irgendwo hört die Flexibilität schon auf. Aber ein kleines Stückchen von was auch immer ist offensichtlich kein Problem.
Zur zweiten Frage nach der Reaktion meiner Familie: Die hat sich an meine Verhaltensweise gewöhnt. Und es war sicherlich sehr gewöhnungsbedürftig. Ich habe diesen ganz wichtigen Punkt der sozialen Brisanz im Zusammenhang mit der Lichternährung bereits möglichst eindrücklich zu schildern versucht, und ich kann das gar nicht oft genug betonen. Wenn sich im Zusammenhang mit der Lichternährung überhaupt ein Problem stellt, dann ist es der Umgang damit im sozialen Kontext. Dies ist meiner Meinung nach das größte Problem, dem man mit Sensibilität und Achtsamkeit begegnen und das man möglichst bewusst handhaben muss. Jeder Mensch, der die Umstellung vorhat, muss sich dies gut klarma-

chen. Das wird meistens unterschätzt. Aber wie ich gezeigt habe, lässt sich das auch ganz gut handhaben.

Frage: Wenn Sie stark schwitzen, im Sommer oder bei intensiver Bewegung, empfinden Sie dann Durst, oder ist das auch zurückgegangen?
Ich gehe im Winter regelmäßig in die Sauna und schwitze da in der Tat sehr stark, was ich übrigens als sehr angenehm empfinde. Ich habe dann durchaus einen trockenen Mund und trinke jeweils hinterher etwas. Aber ich denke, das ließe sich, wenn man es nicht wollte, auch mit Mundspülungen und Zähneputzen regeln.

Frage: Ich habe gelesen, dass Sie in einer Firma arbeiten, zusammen mit anderen Kollegen. Ergeben sich da nicht Probleme, dass Sie nicht ernst genommen werden, sich belächelt fühlen?
Wie ich schon mehrfach betont habe: Wenn es ein Problem gibt, dann ist es im Sozialen. Es ist tatsächlich für viele Menschen schwierig, mit der Tatsache umzugehen, dass jemand, den sie vielleicht sogar gut kennen und schätzen, plötzlich nichts mehr isst. Ich bin mit Auskünften zu meiner Ernährungsweise immer sehr zurückhaltend gewesen und bin das normalerweise auch immer noch; allemal dann, wenn ich nicht direkt danach gefragt werde. Das hat sich gut bewährt und ist unbedingt zu empfehlen. An meinem Arbeitsplatz allerdings musste ich mich irgendwann gegenüber meinen Mitarbeitern bezüglich meiner neuen Ernährungsweise »outen«; ich habe das dann auch offen und ehrlich – aber auch mit viel persönlicher Zurückhaltung – getan. Die Kollegen haben sich inzwischen alle daran gewöhnt, und heute ist es überhaupt kein Problem und auch kein Thema mehr. Zumal ich ja nicht als Koch oder als Vorkoster arbeite ...

Frage: Sie haben also körperlich überhaupt keine Beschwerden, sagen, dass es Ihnen sogar besser geht als vorher? Gibt es denn sonst nicht irgendeinen Nachteil für den physischen Körper?
Ich kann hier natürlich nur für mich selbst sprechen, und man sollte dies vielleicht auch nicht verallgemeinern. Lichternährung ist kein Allheilmittel, das alle körperlichen Probleme löst. Das wäre ein ganz verkehrter Schluss und würde sicherlich zu vielen Enttäuschungen und Frustrationen führen. Tatsache ist, dass ich bei mir bisher keine Nachteile durch diese Ernährungsweise bemerkt habe, sondern nur die schon erwähnten Vorteile nennen kann. Ich fühle mich körperlich viel gesünder und vitaler, emotional stabiler und sicherer und mental frischer und leistungsfähiger.

Michael Werner beim regelmäßigen Freizeitsport und bei der täglichen Arbeit im Büro.

Frage: Wir ernähren uns ja auch über die Sinne. Haben Sie festgestellt, dass Ihre Sinnesorgane wacher geworden sind, dass Sie fühlen, dass Sie durch die Sinnesorgane jetzt auch intensiver Dinge aufnehmen und erleben können?
Dies ist eindeutig der Fall. Man kennt das zum Beispiel auch vom Fasten. Man wird dann meistens sensibler, oft sogar überempfindlich und nervös. Das ist ein sehr wichtiger Punkt, den es zu erwähnen gilt. Es gibt viele Methoden, um die Sensibilität zu steigern. Das ist im Prinzip nichts Schlechtes, kann aber auch heikel sein. Eine Verfeinerung der Sensibilität sollte immer einhergehen mit entsprechend zunehmender Stabilität. Denn Sensibilität ist nur gut, wenn genügend Stabilität vorhanden ist. Bei zu viel Sensibilität und zu wenig Stabilität landen die Menschen schnell in der Nervenheilanstalt. Die psychiatrischen Kliniken sind voll von solchen Menschen, das ist eine ganz große Tragik. Ich kann aber sagen, dass ich persönlich diese Gefahr bei der Lichternährung in keiner Weise erlebe und auch während des 21-Tage-Prozesses nicht erlebt habe. Ich fühle mich jedenfalls ausgesprochen stabil, und das ist und war für mich immer ein sehr wichtiges Maß, um zu sagen: »Ja, das kannst du gut weitermachen.« Andernfalls hätte ich diesen »Versuch« schon lange abgebrochen, denn der Preis wäre mir sonst viel zu hoch, die Sache zu gefährlich.

Frage: Ich war überrascht, als Sie sagten, Sie seien noch mehr und noch intensiver mit Ihrem Körper verbunden, seit Sie nichts mehr essen. Üblicherweise besteht doch, wenn man das Essen reduziert oder fastet, eher die Gefahr, dass man dann nicht mehr so gut mit dem eigenen Körper verbunden ist. Dann tritt doch oft eine zu starke Lockerung zwischen dem Körperlichen, der Sinneswahrnehmung, dem Emotionalen und dem Geistigen auf.
Es ist durchaus überraschend und nicht selbstverständlich, dass gerade bei der Lichternährung diese körperliche Stabilität offensichtlich da ist. Obwohl man sonst, wenn man zum Beispiel beim Fasten mit dem Essen aufhört, normalerweise an Stabilität verliert. Aber hier liegt eben ein Missverständnis vor, das man sich nicht genug klarmachen kann: Wir müssen gut unterscheiden zwischen Nahrung und Ernährung. Wenn man keine feste Nahrung mehr zu sich nimmt, ist das eine Sache. Und wenn man dann nicht mehr ernährt wird, verliert man seine Stabilität, was schnell zu einem Problem werden kann. Aber wenn man seine Ernährungsweise auf Lichtnahrung umgestellt hat, sich den Lichtkräften öffnet, kann man durchaus auch ohne die übliche stoffliche Nahrungsaufnahme

ausreichend ernährt werden und verliert auch seine Stabilität nicht zwangsläufig.

Frage: Wie stand es mit Ihrem Mundgeruch nach den 21 Tagen?
Ich kenne die Problematik natürlich, denn sie tritt bei einem Ernährungswechsel oft auf. Sie stellt sich fast immer, wenn im Körper Reinigungsprozesse ablaufen, auch ohne den 21-Tage-Prozess. In solchen Fällen muss man immer ganz individuell nach Lösungen suchen, vielleicht öfter die Zähne putzen oder immer wieder einmal ein Pfefferminzbonbon lutschen. Während des 21-Tage-Prozesses darf man Letzteres natürlich nicht, denn da heißt es strikt: nichts essen und nichts trinken, und ein Pfefferminzbonbon ist und bleibt ein Pfefferminzbonbon. Aber in der Zeit danach geht es natürlich schon. Da kann und sollte man sich völlig frei fühlen.

Frage: Sie haben gesagt, dass Sie regelmäßig etwas trinken. Wie ist dabei Ihr Verhältnis zu Kaffee, Wasser, Saft, Wein und Ähnlichem; wie war es anfänglich und wie ist es jetzt?
Ich trinke wie gesagt immer dann, wenn andere essen, und zwar von Gelegenheit zu Gelegenheit das, was gerade da ist. Dazu gehört Kaffee – den gibt es fast immer und überall –, Fruchtsaft, Wasser, Tee, auch mal ein Glas Wein. Ich trinke also nicht aus bestimmten Überlegungen oder mit irgendwelchen Absichten, auch nicht aus Durst, sondern allein aus sozialen Gründen. Ich könnte auch einfach nichts trinken.

In der Regel verhält es sich etwa so: Ich stehe morgens auf, trinke mit meiner Familie zum Frühstück eine oder zwei Tassen Kaffee, gehe dann zur Arbeit, nehme am Vormittag mit den Kollegen – zum »Znüni« – einen Espresso. Mittags trinke ich ein Glas Wasser, Saft oder irgendetwas anderes. Am Nachmittag, wenn ich zum Beispiel Besprechungen habe, kommt vielleicht noch ein Kaffee hinzu. Das kann sehr unterschiedlich sein. Die Menge, die ich tagsüber so in etwa trinke, liegt zwischen einem und eineinhalb Liter. Wenn ich am Wochenende segeln gehe, kann es sein, dass ich auch einmal ganz wenig oder gar nichts trinke. Einfach so, wie es sich ergibt.

Zum Stoffwechsel und zur Ernährung

Frage: Ich wüsste gern mehr zum Zellstoffwechsel, bei dem die verbrauchten Stoffe ausgeschieden werden, damit auch wieder neue Zellen gebildet werden können und durch den in bestimmten Rhythmen

eine totale Erneuerung stattfindet. Wird durch die Lichtnahrung auch wieder neues Zellmaterial gebildet?
Ein Zellstoffwechsel findet eindeutig statt. Die physiologischen Werte zum Zellstoffwechsel, die bei mir mehrfach gemessen wurden, bewegen sich im Wesentlichen im normalen Bereich. Meine Atmung ist untersucht worden, mein respiratorischer Quotient, das heißt das Verhältnis von Sauerstoff und Kohlendioxid in der eingeatmeten und ausgeatmeten Luft, und auch das ist ganz normal. Das bedeutet, es findet der ganze normale am Ende der Ernährungskette ablaufende und damit messbare Stoffwechsel statt. Die Frage ist jetzt nur, wie und wo fängt er an? Wo kommen die »Rohstoffe« her? Da muss eigentlich eine Verdichtung hin zu den Ausgangsstoffen oder zur normalen Rohstoffversorgung stattfinden. Ob das wirklich so ist und wie es im Einzelnen physiologisch abläuft, weiß ich nicht und weiß vermutlich niemand.

Frage: Wie verhält es sich mit Vitaminen, Mineralstoffen, Spurenelementen, von denen einige ja als essenziell und lebensnotwendig betrachtet werden?
Wenn man mit den Augen der modernen Physiologie auf die Ernährung schaut, dann gibt es eigentlich nichts Essenzielles, nichts, was ganz besonders lebensnotwendig oder was weniger lebensnotwendig ist. Die Dinge gehören letztlich alle zusammen, und wenn etwas fehlt, was normalerweise im Überfluss vorhanden ist, dann entsteht schnell ein Mangel, Mangelerscheinungen, und es wird nicht lange gut gehen.

Im Zusammenhang mit der Lichtnahrung ist allerdings der ganze hinter dieser Frage stehende Denkansatz falsch. Denn entweder gilt es für alles, oder es gilt für nichts. Es ist doch unsinnig oder besser inkonsequent gedacht, wenn man sagt: Die Lichtnahrung ist wohl möglich, aber Selen und Vitamin B12, das geht nicht, das müssen wir regelmäßig zu uns nehmen.

Frage: Wie verhält sich der ganze Verdauungstrakt, wenn ihm keine Nahrung mehr zugeführt wird, und wie verhält es sich mit der Ausscheidung?
Zu den Ausscheidungen ist zu sagen, dass ich gewisse Ausscheidungen habe, also zum Beispiel Urin, Schweiß und Wasser in der Atemluft. Über die Urinausscheidung habe ich längere Zeit sehr genau Buch geführt: Sie beträgt nicht ganz so viel wie die Menge der über den Tag eingenommenen Flüssigkeit; etwa 80 bis 90 Prozent dessen, was ich trinke, scheide ich mengenmäßig als Urin wie-

der aus. Feste Ausscheidungen habe ich sehr wenig, etwa einmal die Woche und etwa so wie ein Kaninchen. Das hängt wohl damit zusammen, dass sich Darmzellen schuppen, oder es sind Ballaststoffe aus den Getränken, die ich zu mir nehme und die sich im Körper sammeln. Während der zehn Tage der wissenschaftlichen Untersuchung (siehe Seite 28ff.) trank ich zu Beginn verdünnten Tee und dann nur noch Mineralwasser und hatte während der ganzen Zeit keinerlei feste Ausscheidungen. Mein Darm wurde mehrmals geröntgt und war völlig leer.

Zu der Frage, wie es sich mit den Verdauungsorganen verhält, die in gewisser Weise überflüssig geworden sind, wie Magen, Darm, Leber, Galle und so weiter: Das erlebe ich ohne Probleme und ohne jedes Anzeichen einer Rückbildung. Die durchgeführten physiologischen Messungen sprechen auch gegen jede Degeneration. Vom Fasten hingegen weiß man, dass sich die Verdauungsorgane im Laufe der Zeit zurückbilden können, vermutlich nicht aus einem Mangel an Tätigkeit, sondern mehr aus einem Mangel an Ernährung und dadurch eine Art Selbstverdauung, einen »Autokannibalismus«, der letztlich zum Tode führt. Das ist bei der Lichternährung grundsätzlich anders. Ich erlebe meinen alltäglichen Zustand eher wie eine »Stand-by-Funktion«. Das ganze System ist intakt, aber nicht in Funktion. Und das erklärt sich wohl wiederum dadurch, dass die Organe wie früher – nur eben auf andere Weise – normal und ausreichend ernährt werden. Das haben die bisher durchgeführten Laboruntersuchungen im Wesentlichen auch alle ergeben. Es ist keinerlei Entzug, es ist kein Mangel. Ich empfinde und erlebe diesen Zustand wie sonst zwischen den Mahlzeiten oder nach der Verdauung, und so wird es wohl sein.

Frage: Könnten Sie heute einen Teller Spaghetti essen, wenn Sie Lust dazu hätten?
Ich bin davon überzeugt, dass ich jederzeit wieder anfangen könnte zu essen, wenn ich es wollte. Wie gesagt, erlebe ich meinen Körper und vor allem die Verdauungsorgane wie zwischen zwei Mahlzeiten, das heißt, die Verdauungsorgane sind in einer Art von Ruhestellung und prinzipiell bereit und in der Lage, wie früher zu reagieren und zu arbeiten.

Frage: Sie haben gesagt, dass Sie Ihre Ernährungsumstellung mit viel Übergewicht angefangen haben und Ihr Gewicht jetzt stabil sei. Ist es bei allen Menschen, die das probiert haben so, dass sie grundsätzlich abnehmen?

Es ist wohl so gut wie immer so, dass man in der ersten Woche des 21-Tage-Prozesses an Gewicht verliert. Die Menge ist individuell sehr verschieden, vermutlich im Wesentlichen abhängig davon, um wie viel zu viel oder zu wenig man bei Beginn des Prozesses mitbringt. Ich habe Menschen kennen gelernt, die deutlich Untergewicht hatten und die in der ersten Woche trotzdem weitere 4 bis 5 Kilogramm abgenommen haben. Das pendelt sich dann aber wieder ein.

Frage: Nehmen Sie bewusst wahr, dass Sie von Lichtenergie ernährt und getragen werden?
Wenn ich mein allgemeines Lebensgefühl mit der Tatsache der Lichtenergie und Lichternährung so nehme, wie ich es vorhin zu schildern versuchte, dann kann ich sagen, dass ich das schon real wahrnehme. Aber nicht in dem Sinne, dass ich plötzlich das Gefühl habe: Jetzt brauche ich etwas Licht oder Lichtnahrung. Dieser Prozess der Energiezufuhr und der Stoffverwandlung findet wohl gleichmäßig oder, wenn schon spontan, auf den aktuellen Bedarf hin sehr sanft, ausgewogen und für mich zumindest unmerklich statt.

Frage: Um den Grundumsatz zu ermitteln, misst man den aufgenommenen Sauerstoff und die abgegebene Kohlensäure und macht damit eine Rechnung, das spricht dann für die normale Funktionsweise des Körpers und kann kontrolliert werden. Mir ist das bei Ihnen unerklärlich. Sie verlieren doch ständig Wasser, das kann man gar nicht verhindern. Das ginge einzig vielleicht bei 100%-iger Luftfeuchtigkeit, wenn so viel Wasser rein- wie rausgeht.
Diese Fragen sind wirklich völlig offen, viele davon könnten aber mit den heutigen Möglichkeiten der medizinischen Forschung geklärt werden oder zumindest in den ersten Schritten sinnvoll angegangen werden. Die wissenschaftlichen Voraussetzungen und Möglichkeiten dazu wären heute durchaus vorhanden. Mein energetischer Grundumsatz ist übrigens schon einmal gemessen worden und war völlig normal. Aber das ist sicherlich nur ein Anfang, um diese Phänomene oder die Paradoxien, die man in diesem Zusammenhang vorfindet, zu ergründen und vielleicht sogar aufzuklären.

Frage: Wenn man lange nichts gegessen hat, kommt normalerweise das Gefühl von Hunger. Gibt es bei Ihnen kein Gefühl von Sattsein oder Hungrigsein?

Bei mir ist es eigentlich eher ein Weder-Noch. Ich bin nicht eigentlich satt, im Sinne eines Völlegefühls und des Gedankens »Jetzt besser ausruhen und verdauen«. Und erlebe auch nicht ein Hungergefühl, wie wenn mir der Magen knurrt und ich denke: »Wann gibt es endlich die nächste Mahlzeit?« Aber ich erinnere natürlich beide Gefühle sehr lebhaft und gut, und manchmal tauchen sie ganz natürlich in den Emotionen schon noch auf. Essen ist mir auch nicht egal, im Gegenteil, ich habe es sogar sehr gern, wenn gegessen wird und ich dabei bin. Das Essen nachzuempfinden und mitzuempfinden ist für mich durchaus ein Genuss und etwas sehr Angenehmes.

Frage: Im Landwirtschaftlichen Kurs von Rudolf Steiner gibt es einen Vortrag, in dem ausgeführt wird, dass es ein Wechselspiel zwischen kosmischer und physiologischer Nahrung und Ernährung gibt und dass man seine körperliche Stofflichkeit über die Atmung und das Licht aufbaut, das dort, wo es gerade gebraucht wird, in das Gewebe eindringen kann.
Es gibt einige interessante und helfende Hinweise von Rudolf Steiner, die ich jetzt hier aber nicht wiederholen kann (siehe dazu auch Seite 17ff.). Rudolf Steiner hat zum Beispiel genau beschrieben, wie ein feiner Kieselsäureprozess, wie er es genannt hat, über die Sinnesorgane zur Verstofflichung zu einem Hereintreiben von Stoffen in den Körper führt. Auch über die Atmung und über die Haut und über die Sinnesorgane.

Frage: Was unterscheidet Magersüchtige von Ihrer Art der Ernährung?
Magersüchtige haben in der Regel als typisches Muster ein negatives, ablehnendes Verhältnis zu ihrer eigenen Körperlichkeit und auch zum Essen selbst. Ich hingegen fühle mich sehr wohl in meinem Körper, fühle mich meinem Körper sogar verbundener als früher. Und ich habe nach wie vor auch ein sehr positives Verhältnis zum Essen. Ich genieße es, bei den Mahlzeiten dabei zu sein, und denke oft, ich kann die Mahlzeiten sogar mehr und besser genießen, als wenn ich sie verspeisen würde!

Wissenschaftliches

Frage: Ich war überrascht zu hören, dass eine wissenschaftliche Untersuchung Ihres Falles erst durch die Gelder einer Stiftung möglich wurde. Eigentlich hätte ich erwartet, dass man sich um Sie reißt,

wenn Sie sich bei einer Universitätsklinik vor die Türe stellen. Wenn Sie sagen, Sie essen seit Jahren nichts, da müssten doch eigentlich die Türen zur Wissenschaft regelrecht aufgehen, oder?
Ich kann dazu nur sagen: Das ist eindeutig nicht der Fall. Es ist vielmehr so, dass die meisten Mediziner und Physiologen keinerlei Interesse an der Untersuchung dieses Phänomens haben. Ich könnte Ihnen dazu manche Schauergeschichten erzählen, denn ich habe damit einige Erfahrungen gesammelt. Ich weiß auch nicht, was da in den Köpfen der Fachleute genau abläuft. Ich dachte prinzipiell immer genau so wie Sie. Aber es ist schlicht und einfach falsch. Es ist schlicht nicht der Fall.

Frage: Wo oder wie glauben Sie, wird die Lichtenergie in Ihrem Körper in Materie oder Zellen umgewandelt?
Das kann ich Ihnen nicht genau sagen, denn das erlebe ich nicht direkt. Ich weiß es nicht. Wahrscheinlich geschieht das überall im Körper und wahrscheinlich auch gleichzeitig. Vielleicht an der Darmwand, im Lymphstrom, der zur Leber führt, oder in der Leber selbst. Vielleicht auch im Blut. Ich weiß es nicht. Vielleicht ist die Frage auch falsch gestellt und man kann das aus der Natur der Sache heraus gar nicht räumlich und zeitlich fixieren. Ich finde diese Fragen aber wahnsinnig spannend und nicht nur sehr interessant, sondern auch sehr wichtig für die Zukunft. Daher ärgert es mich schon etwas, dass sich die Wissenschaft kaum darum kümmert.

Frage: Sie erwähnten, dass Sie sich unter permanenter Kontrolle und Überwachung einem Experiment unterwerfen. Wie lautet denn die Forschungsfrage? Was kommt im besten Fall dabei heraus? Wie wird die Welt darauf reagieren?
Die Fragen, die ich selbst dabei habe oder die der Forschungsleiter hat, der ein mit mir gut befreundeter Arzt ist, konnten wir nicht so direkt in das Protokoll packen. Denn schließlich musste das Konzept der Studie so gestaltet werden, dass die Universitätsklinik bzw. die Ethikkommission damit leben kann. Diese Institutionen und deren Vertreter gehen natürlich grundsätzlich davon aus, dass die ganze Geschichte nicht stimmt. Weil schließlich nicht sein kann, was nicht sein darf! Dass jemand daherkommt und sagt, er isst nichts mehr und lebt dennoch ganz fidel, das geht grundsätzlich nicht. Man weiß aber doch aus vielen Untersuchungen sehr genau, dass sich, wenn jemand aufhört zu essen, umgehend unglaublich viel ändert im Blut, zum Beispiel die Triglyzeride, soge-

nannte Ketokörper, Blutzucker, das Cholesterin, bestimmte Mineralien usw., und ebenso auch einiges im Urin. All dies ändert sich weitestgehend vorhersagbar, wie man aus vielen Untersuchungen zum Beispiel zum Fasten weiß. Diese Parameter sollen nun in diesem Experiment erst einmal untersucht werden. Es geht also in dieser Studie nicht so sehr darum zu beweisen, dass Lichtnahrung funktioniert. Das kann man von einer Studie mit einer Dauer von etwa zehn Tagen auch nicht erwarten, sondern es wird vielmehr zunächst darum gehen zu zeigen, dass hier etwas passiert, was eigentlich so nicht passieren darf und auch nicht zu erwarten ist. Unsere Hoffnung ist natürlich, dadurch eine Tür zu öffnen, um dann vielleicht in einem zweiten Schritt im Rahmen einer neuen Studie Experimente machen zu können, die dann in die Tiefe gehen. Damit wäre ein Anfang gemacht, dass das Phänomen als solches akzeptiert wird und als eines, das zu erforschen sich lohnt.

Zu den Voraussetzungen, Meditation und Übungen

Frage: Sie haben in Ihren Ausführungen ganz locker geschildert, wie Sie Ihre Ernährung umgestellt haben und was dabei passiert ist. Sind Sie da einfach so eingestiegen, oder mussten Sie auf der anderen Seite vom Geistigen her an der Sache arbeiten? Ich hab da so gewisse Schwierigkeiten mit Ihrer Lockerheit.

Die Frage ist schwer zu beantworten, denn es ist dabei alles sehr relativ. Ich kann nur schildern, was ich erlebe, und ich versuche das so ehrlich und verständlich zu tun, wie es geht. Natürlich ist das immer ein eingeschränktes, weil subjektives Bild. Und ob Sie das nun tiefenpsychologisch oder im Sinne der Reinkarnation oder wie auch immer anschauen, hilft letztlich auch nicht sehr viel weiter. Man hat ja immer ein eingeschränktes Muster von sich selbst und auch von den anderen Menschen. Ich war zum Beispiel von der Möglichkeit, mich ausschließlich von Licht ernähren zu können, zuerst völlig überrascht. Ich habe das nicht gesucht, habe nicht darauf gewartet und gesagt: Endlich! Das kam vielmehr als Information einfach auf mich zu. Mein Entschluss, es selbst zu tun oder zumindest zu versuchen und zu prüfen, war dann schon recht bald gereift. Sicherlich lässt sich das nicht verallgemeinern, das ist zumindest meine Erfahrung. Vielleicht war ich dazu auch prädestiniert, warum auch immer. Dass ich mich aber irgendwie bewusst damit auseinander setzen musste, damit es gut geht oder damit es überhaupt geht, das ist eindeutig nicht der Fall. Ich habe mir nur eines Tages gesagt: Also, das mit der Lichtnahrung, das machst du.

Und ich bin ehrlich gesagt vielleicht auch manchmal etwas leichtfertig oder vorschnell im Umgang mit vermeintlichen Problemen. So war es jedenfalls bei mir, und ich habe meine Entscheidung und mein Tun bis heute nie bereut.

Frage: Ich glaube das alles, was Sie berichtet haben, und Sie haben es geschafft, es anschaulich und verständlich darzustellen. Allerdings bekomme ich »einen Knoten« im Kopf, wenn ich höre, dass es nur eine Frage des Glaubens und des Vertrauens sein soll. Wenn man an den Tod von so vielen Kindern und Säuglingen denkt, die tagtäglich verhungern, müsste man doch denken, dass da ein kollektives Gedankenfeld ist, das helfend eingreifen sollte.

Das kann ich sehr gut verstehen. Das gilt nicht nur für unzählig viele Kinder in Afrika oder Asien, sondern im Grunde auch für viele Menschen hier bei uns. Wenn sie nichts mehr essen oder nichts zu essen bekommen oder nichts mehr essen wollen, dann werden sie auch verhungern. Das ist einfach ein durch Erziehung, durch Kultur, durch Religion eingeschriebenes Dogma. Wir sind normalerweise und ganz selbstverständlich fest davon überzeugt: »Wenn wir nichts essen, werden wir zwangsläufig verhungern!« Das erzeugt ein Kraftfeld von Ursachen und Wirkungen und führt dann auch zum Verhungern. Das muss man durchbrechen, und man kann es auch durchbrechen.

Frage: An dieser Stelle habe ich nochmals eine Frage zum Glauben. Sie sprachen davon, dass man sich öffnen muss. Wenn ich versuche, das nachzuvollziehen: Ich versuche ja auch mich zu öffnen, mache Meditation usw. Aber ob ich an diese innerste Zusammensetzung meines übersinnlichen Organismus herankomme, um mich wirklich für diese Lichtkräfte zu öffnen, das weiß ich nicht. Und ich meine schon, dass ich daran glaube, was Sie ja als die wichtigste Voraussetzung für diesen Prozess geschildert haben, damit er schließlich funktioniert. Wenn ich es mache, ohne daran zu glauben, dann funktioniert es nicht, das kann ich mir gut vorstellen und gut nachempfinden. Aber wenn ich meine zu glauben, und in mir steckt ganz tief verborgen ein Zweifler, der davon überzeugt ist, dass man physische Nahrung aufnehmen muss, um leben zu können, dann kann ich mir wiederum gut vorstellen, dass es nicht funktioniert. Das scheint mir die Kunst und die eigentliche Schwierigkeit zu sein.

Ich würde den Begriff Glauben in diesem Zusammenhang gerne ergänzen durch eine zusätzliche Komponente, nämlich das Vertrauen. Denn es geht darum, dass Glauben auch heißt: etwas nicht wissen.

Der Glaube ist eine wichtige Voraussetzung dafür, dass der 21-Tage-Prozess und anschließend die Lichternährung wirklich funktioniert und man nicht doch am Ende verhungert oder verdurstet. Wie ich gerade sagte, spielt dabei auch das Vertrauen eine sehr wichtige Rolle. Vertrauen darauf, dass diese Form der Ernährung einem entgegenkommt, und sie kommt einem dann auch wie von selbst entgegen. Darum ist der mögliche Zweifel, den man vielleicht irgendwo noch hat, nicht so ein Problem; ein Stück weit ist das eigentlich ganz normal. Zweifel und Vertrauen schließen sich nicht gegenseitig aus, sondern können sich auch abwechseln. Ich sage das, weil ich das alles gut erinnere. Ich habe den Prozess gemacht und habe mir immer wieder gesagt: »Es wird schon gut gehen. Ingrid hat es gemacht und es hat funktioniert, dann kannst du das auch versuchen, und es wird schon gut gehen. Und überhaupt, wenn es nicht funktionieren sollte, dann hörst du einfach damit auf, fängst wieder an zu essen und weißt dann hinterher wenigstens, dass es nicht funktioniert.« Ich hatte wirklich auch einige Vorbehalte und war bereit, damit wieder aufzuhören, wenn mir während des Prozesses irgendetwas komisch vorgekommen wäre. Aber diese grundsätzliche Öffnung muss schon da sein, damit man sich nicht versperrt. Mit der Haltung: Das werden wir schon sehen, dass das nicht funktioniert, wäre es sicherlich ein Problem.

Frage: Gibt es einen Weg, wie man das von Ihnen erwähnte Vertrauen üben kann? Oder ist es eine Frage des Mutes, ist es nur etwas für auserwählte Menschen oder gar ein Geschenk für diese?
Dazu wüsste ich nichts Spezielles. Man muss das Vertrauen haben oder man muss es entwickeln. Man muss sich trauen. Und wenn man keinen Mut hat, dann muss man ihn sich nehmen.

Frage: Ich glaube, es ist etwas, das man in sich spürt. Man spürt es und dann will man es machen. So wie Sie unmittelbar wussten, dass Sie diesen Umstellungsprozess machen wollen.
Ja, das ist eine gute und wichtige Bemerkung. Ich denke man spürt es und weiß es dann genau, wenn man es machen kann, oder dass man es machen soll oder darf. Das ist etwas ganz Wichtiges: Ich denke, wer diesen Prozess letztlich macht, der spürt das vorher. In dem Buch von Jasmuheen heißt es sehr schön: »Wenn das Herz anfängt zu singen, dann macht man diesen Prozess.« Das ist sehr richtig und schön gesagt.

Frage: Bitten Sie darum, vom Licht ernährt zu werden?
Ja, ich bitte darum, und ich bin auch immer wieder sehr dankbar dafür.

Frage: Sie erwähnten, dass Sie gesundheitliche Probleme gehabt hatten, bevor Sie sich entschieden haben, auf die Lichternährung umzustellen. Glauben Sie, dass es Krankheitsbilder mit gewissen gesundheitlichen Risiken gibt, bei denen man eine solche Umstellung besser nicht machen sollte?
Zur Frage der Risikofaktoren kann ich nichts Konkretes sagen. Mir ist auch nichts Derartiges bekannt. Selbstverständlich gehe ich aber davon aus, dass zum Beispiel ein Diabetiker oder ein Nierenkranker im Bewusstsein seiner Erkrankung mit der entsprechenden Vorsicht und Umsicht an diese Umstellung herangehen muss.

Frage: Wie schließen Sie sich an die Kraft des Lichts an? Braucht es dafür spezielle Meditationen?
Ich pflege seit vielen Jahren eine ganz persönliche und intensive Meditationspraxis, die mir immer schon eine Bereicherung und eine Hilfe auch im ganz alltäglichen Leben war. Und da ich somit schon vorher während des Tages immer gewisse Meditationspausen hatte, die mein Leben bereichert und positiv beeinflusst haben, kann ich nicht genau sagen, wie es ohne diese Meditation gewesen wäre. Aber meine Empfindung sagt mir, dass der Vorgang der Lichternährung, wenn man sich ihm vertrauensvoll öffnet, auch von alleine kommt.

Frage: Welche geistig-spirituellen Entwicklungen haben Sie gemacht, und wie haben Sie sich nach Ihrer Ernährungsumstellung sonst verändert?
Ich höre viel Musik, Mozart und Beethoven zum Beispiel besonders gern, ich lese viele Bücher und mache auch sonst viele Dinge, für die ich vorher keine Zeit hatte. Ich bin aber nicht hellsichtig geworden, sondern fühle mich auf einem guten Weg, erlebe mich seelisch stabiler und sensibler als früher und insgesamt bereichert. Ich sehe mich heute viel mehr als früher in der Lage, gute Gedanken und Gefühle zu haben, und schaue sehr optimistisch und zuversichtlich in die Zukunft.

Über den 21-Tage-Prozess

In diesem Buch ist verschiedentlich vom sogenannten 21-Tage-Prozess die Rede, der von Jasmuheen in ihrem Buch »Lichtnahrung« beschrieben und dadurch weltweit bekannt wurde. Trotz aller Kritik und der Fragwürdigkeit des darin zusammengestellten »esoterischen Sammelsuriums« betont Michael Werner immer wieder, dass die Beschreibung des 21-Tage-Prozesses in ihren Grundzügen sehr hilfreich, ja sogar notwendig sei für alle, die selbst eine Umstellung auf Lichternährung versuchen wollen. Und dies, obwohl das Buch auch ein ziemlich gefährlicher »Ratgeber« ist, denn auf die Risiken und Gefahren des Umstellungsprozesses wird von Jasmuheen erst im Nachfolgeband explizit hingewiesen.

Doch auch hier gilt es, das Kind nicht mit dem Bade auszuschütten. Denn in allen Kreisen gibt es Menschen, die, sich selbst treu, ihren Weg gehen, die sich um die Wahrheit bemühen – und eine pauschale Aburteilung jedes New-Age-Vertreters wäre genauso verkehrt wie eine naive Nachfolge. Das gilt auch für die Person Jasmuheens, der Michael Werner bisher selbst nie begegnet ist. Sie ist eine Pionierin, die sich für neue geistige Horizonte engagiert – auch wenn sie dabei vielleicht manchmal über das Ziel hinausschießen mag.

Wegen der zentralen Bedeutung des 21-Tage-Prozesses folgt an dieser Stelle eine kurze Zusammenfassung und Übersicht der wesentlichen Schritte. Diese Darstellung soll aber keine Anleitung zur Durchführung des Lichtnahrungsprozesses sein und kann die Hinweise dazu in dem Buch von Jasmuheen keinesfalls ersetzen. Wer ernsthaft an weiterführender Information bzw. einer Anleitung zur Umstellung auf Lichternährung interessiert ist, sollte deshalb unbedingt die Originalangaben des genannten Werks zu Rate ziehen.

Woher der 21-Tage-Prozess stammt

Der 21-Tage-Prozess als Anleitung zur Umstellung von der herkömmlichen Ernährung auf die sogenannte Lichtnahrung tauchte offensichtlich Anfang der neunziger Jahre, genau genommen im Spätherbst des Jahres 1992, in Australien auf. Vermittelt durch ein

Medium mittels Channeling, das heißt als eine direkte Mitteilung und Information aus einer geistigen Sphäre heraus, wurde der 21-Tage-Prozess vermutlich zuerst von Einzelpersonen durchgeführt und dann auf telepathischem Wege an andere Menschen weitergegeben. Jasmuheen selbst gehörte nach ihren eigenen Angaben nicht zu den Probanden der ersten Stunde, stieß aber bald, nämlich Anfang 1993 auf diese Information und propagiert sie seitdem weltweit mit großem Engagement. Unterstützt und bestätigt wird sie dabei durch ihre eigenen persönlichen Erfahrungen und Fähigkeiten als ein Medium für Channeling.

Im Jahre 1996 erschien ihr Buch dazu, »Living on Light. A personal journey by Jasmuheen«, wodurch sich das Thema in einer großen Welle verbreitete. Schon kurz darauf – im Jahr 1997 – erschien die deutsche Übersetzung »Lichtnahrung. Die Nahrungsquelle für das kommende Jahrhundert«, auf deren 5. Auflage aus dem Jahr 1999 wir uns an dieser Stelle im Wesentlichen beziehen. Die Beschreibung und Interpretation des 21-Tage-Prozesses nimmt rund 45 Seiten des etwa 200 Seiten umfassenden Taschenbuchs ein, wobei die wesentlichen und entscheidenden Angaben nicht von Jasmuheen selbst – sie fungiert als Herausgeberin des Buches –, sondern von Charmaine Harley formuliert und beschrieben sind. Charmaine Harley hat den Umstellungsprozess nach ihren eigenen Angaben im Juni 1994 selbst gemacht und ihre Empfehlungen und Hinweise dazu zusammengestellt. Diese Angaben wurden zuerst als Broschüre in Australien verbreitet und sind nach unserer Meinung nach wie vor der Standard auf dem Weg zur Lichternährung.

Dabei handelt es sich aber, wie immer wieder betont werden muss, nur um Richtlinien, und es wird ausdrücklich empfohlen, im Umgang mit dem Lichtnahrungsprozess der eigenen Unterscheidungskraft und der inneren Führung zu folgen, denn die Beschreibungen und Angaben erklären nicht alles. Sie können und sollen das auch gar nicht.

Charmaine Harley gliedert ihre Hinweise und Empfehlungen in zwei Teile, die grundlegenden Informationen zur Vorbereitung und die Einzelheiten zur Durchführung des 21-Tage-Prozesses. Die wesentlichen Aussagen dazu sind im Folgenden zusammengestellt.

Zur Vorbereitung des Prozesses

Als ein wesentliches Mittel zur Entscheidung und Vorbereitung dient ein Fragebogen mit 15 Fragen zur Selbstprüfung. Diese Fragen sollten alle mit Ja beantwortet werden können. Sie sollen helfen zu entscheiden, ob die Durchführung des Prozesses zum momentanen Zeitpunkt richtig und sinnvoll ist. Man soll von innen heraus wissen, dass man es tun kann, und den Vorgang als »heilige Einweihung« ansehen. Wichtig ist dabei die Bereitschaft, einige Regeln, zum Beispiel bezüglich des Essens und Trinkens, während der drei Wochen zu akzeptieren und zu befolgen.

Nach der Entscheidung, den Prozess durchzuführen, sollte man einen genauen und verbindlichen Zeitplan aufstellen und seine persönlichen und sozialen Verhältnisse so organisieren, dass man während des Prozesses frei und entspannt sein kann. Der alltägliche Kleinkram und routinemäßige Verbindlichkeiten sollten für die 21 Tage im Voraus erledigt bzw. so organisiert sein, dass man während des Prozesses möglichst weitgehend davon befreit ist.

Wenn irgend möglich sollte man von jemandem begleitet werden, der den Prozess selbst schon durchlaufen hat. Mit dieser Person sollte man vorher möglichst alles besprechen und klären, was einen bewegt.

Es wird empfohlen, den Körper und natürlich auch sich selbst liebevoll auf die Umstellung vorzubereiten, damit der Übergang möglichst leicht fällt und Freude macht. Das heißt praktisch: In der Zeit unmittelbar vor dem 21-Tage-Prozess sollte man am besten auf Fleisch verzichten, zum Ende vielleicht sogar ganz auf Rohkost umstellen und zum Schluss wenn möglich für ein paar Tage nur noch von Suppen und Flüssigkeit leben. Mindestens in den letzten drei Tagen sollte kein Alkohol mehr getrunken werden, und auch Drogen und Tabak sind während der drei Wochen selbstverständlich nicht angebracht.

»Stell dich auf eine Zeit der Einsamkeit ein. Es ist eine heilige, ganz kostbare Zeit und es ist schade, wenn du durch schwierige äußere Bedingungen den Vorgang nicht genießen und in Ruhe würdigen kannst.«

Man sollte sich bewusst sein, dass es bei dem ganzen Vorgang im Wesentlichen nicht um Essen oder Nichtessen geht, sondern darum, dass sich höhere Energieebenen erschließen lassen, so dass man keine physische Nahrung mehr braucht.

Zur Durchführung des Prozesses
Für die Durchführung des Prozesses empfiehlt es sich dringend, zwei Personen als Helfer hinzuzuziehen. Ein Betreuer, der zur praktischen Hilfe und Unterstützung in der Nähe ist und dem Probanden sozusagen physisch zur Seite steht. Er trägt damit eine große Verantwortung, und die Aufgabe verlangt Liebe, Verständ-

nis, Einsatzbereitschaft, Einfühlungsvermögen, Kraft und natürlich gegenseitiges Vertrauen. Tägliche Besuche sollen gewährleisten, dass für das physische Wohl gesorgt ist, dass die nötige Ruhe vorhanden ist und dass unnötige Ablenkungen vermieden werden, denn es soll eine möglichst stressfreie und entspannte Zeit der Hingabe sein, die so weit wie möglich nur einem selbst und der Hinwendung zum Geistigen gehört. Die zweite Person fungiert als Berater und sollte den Prozess selbst durchgemacht haben, um mit den eigenen Erfahrungen Unterstützung geben zu können, wo Sicherheit und Hilfe gewünscht oder benötigt wird.

Während der 21 Tage sollte man möglichst alles unnötige »Weltliche«, wie Fernsehen, Telefon, Computer, Lärm, Stress, familiäre und soziale Verpflichtungen, Termine, Verabredungen und Verbindlichkeiten (Garten, Haustiere usw.) ablegen können, um sich möglichst ganz und mit inniger Hingabe dem Prozess widmen zu können. Dabei sollte auch geprüft werden, ob man die normalen körperlichen und geistigen Übungen (zum Beispiel Yogaübungen, Meditation) für die Zeit des Umstellungsprozesses nicht besser aussetzt.

Eine wichtige Rahmenbedingung ist eine möglichst angenehme und stressfreie Umgebung. Das bedeutet im Wesentlichen Ruhe, Gemütlichkeit, Wärme, Bequemlichkeit, viel Licht, frische Luft und die Möglichkeit, unkompliziert schöne Spaziergänge machen zu können. Gute, leichte Lektüre, schöne harmonische Musik und auch Säfte und Wasser sind in ausreichendem Maße bereitzustellen.

Das Führen eines ausführlichen Tagebuches wird unbedingt empfohlen.

Während des Prozesses können die verschiedensten Symptome der körperlichen und seelischen Reinigung auftreten, wie sie vielen Menschen von Fastenkuren bereits vertraut sind. Dazu gehören zum Beispiel Kopfschmerzen, Ohrensausen, Muskelschmerzen, belegte Zunge, Mundgeruch, Übelkeit, Schlaflosigkeit, schlechte Laune, Reizbarkeit, Ruhelosigkeit. Diese Entgiftungserscheinungen halten sich aber üblicherweise im Rahmen des Erträglichen und sind normalerweise auch kein Grund zur Besorgnis.

Der eigentliche Ablauf des Umstellungsprozesses

Der 21-Tage-Prozess gliedert sich in drei Phasen von jeweils 7 Tagen und folgt damit uralten heiligen und heilenden Zeitrhythmen. Für jede der Phasen gelten unterschiedliche Anweisungen, nämlich:

Die ersten 7 Tage
Es wird weder gegessen noch getrunken.
In diesen Tagen finden die eigentliche Umstellung und der Beginn der notwendigen Reinigungsprozesse statt.
Es soll eine Zeit der Ruhe und der Stille sein, in der man ganz bei sich selbst sein darf.
Vielleicht tauchen am zweiten Tag durch die Entgiftung des Körpers »Fastensymptome« wie Kopfweh, Nierenschmerzen, Muskelschmerzen und ein pelziges Gefühl der Mundschleimhaut auf. Man fühlt sich mitunter auch schlaff, schwach und etwas »wackelig« auf den Beinen.
Auftretenden Durst darf man nur durch Mundspülungen bzw. durch Kauen von Eisstücken und anschließendem Ausspucken der Flüssigkeit löschen.
In der Nacht vom 3. zum 4. Tag findet offenbar eine einschneidende Veränderung, eine Umwandlung statt, die mitunter klar als solche erlebt wird; oft geschieht dies aber auch unbemerkt und wird erst am nächsten Morgen wahrgenommen. Bei der nun eintretenden notwendigen Transformation des Körpers kann zeitweilig ein Gefühl der Leere auftreten; doch auch das ist nicht zwingend und oft auch nicht direkt wahrnehmbar.
In den folgenden Tagen darf weiterhin absolut nichts getrunken und gegessen werden. Ruhe und Entspannung sind angesagt für den nun stattfindenden Prozess der Neuausrichtung. Dabei ist es gut möglich, dass man sich angeschlagen und schlaff fühlt, dass die Gedanken sprunghaft und hektisch sprudeln, dass man scheinbar ohne Gefühl ist. Mitunter ist man auch nervös und leicht reizbar; es können Hitzewallungen auftreten. Diese Vorgänge sollte man mit Vertrauen, Dankbarkeit und ohne Angst begleiten.
Am späten Nachmittag oder Abend des 7. Tages darf man zum ersten Mal wieder trinken. Den Zeitpunkt sollte man aber nicht selbst bestimmen, sondern mit seinem Ratgeber zusammen klären. Im Zweifelsfall oder bei innerer Unsicherheit diesbezüglich ist es gut, bis zum Ablauf des 7. Tages mit dem Trinken zu warten.

Die zweiten 7 Tage
Ruhe, Erholung, Heilung und Reinigung sind die Hauptthemen der zweiten Woche. Es ist eine wunderbare Zeit, die man in Ruhe und Frieden genießen sollte, selbst wenn man äußerlich vielleicht etwas schwach und gebrechlich erscheinen mag.
Während dieser zweiten Woche wird weiterhin nichts gegessen, aber man darf nun Wasser oder verdünnten Orangensaft (bis

auf maximal 25% verdünnt) in beliebiger Menge, jedoch mindestens 1½ Liter pro Tag einnehmen. Die Flüssigkeit dient der Reinigung des Körpers sowie der Stabilisierung der Veränderungen in der ersten Woche. Man kann dabei ein Einströmen von Energien fühlen.

Der Zustand des Probanden kann in diesen Tagen individuell sehr unterschiedlich sein: von unbehaglich oder unwohl über das Gefühl, krank zu sein, bis zu extrem energiegeladen ist alles möglich.

Die dritten 7 Tage
Auch während dieser Tage darf nichts gegessen, sondern soll nur getrunken werden. Jetzt sind konzentriertere Fruchtsäfte erlaubt und empfohlen (bis maximal 40%-ig). Man beginnt sich nun wieder kräftiger und damit »normaler« zu fühlen. Das gute Gefühl, auf dem »Rückweg« in ein neues Leben zu sein und sich mit jedem Tag zunehmend zu stabilisieren, gibt Mut und Kraft.

Mit Ablauf des 21. Tages ist der Prozess in der Regel abgeschlossen. Nun wird man von »Prana« oder »Licht« oder den Energien aus dem ätherischen Bereich der Schöpfung ernährt und erhalten.

Die Zeit nach dem 21-Tage-Prozess
Wenn man nach den 21 Tagen in den Alltag zurückkehrt, hat man eine ungewöhnliche Reise und große Veränderungen hinter sich. Dabei ist vieles noch im Fluss und manches gewöhnungsbedürftig. Manchmal fühlt man eine fremde, aber doch wohltuende und befreiende Losgelöstheit, und allgemein lässt sich eine deutliche Steigerung der Sensibilität der Sinneswahrnehmungen beobachten. Es laufen weiterhin noch Heilungs- und Stabilisierungsprozesse ab; deshalb ist man gut beraten, auf weitere Schonung zu achten und in den folgenden Tagen und Wochen mit viel Rücksicht und Vorsicht sich selbst gegenüber zu leben, selbst wenn die Veränderungen vielleicht nicht immer gleich deutlich bemerkbar sind. Wer den 21-Tage-Prozess langsam ausklingen lassen, die freie und ruhige Zeit noch etwas verlängern kann, sollte das unbedingt tun.

Man ist nun frei, seine Lebensbedingungen selbst zu wählen: Es besteht keine physische oder physiologische Notwendigkeit mehr zu essen und zu trinken. Man ist aber völlig frei, es dennoch zu tun, wenn man es will. Jeder Wunsch nach Getränken oder fester Nahrung, der von nun an auftaucht, hat eine emotionale oder mentale Ursache. Es ist sicherlich empfehlenswert, auch damit sanft umzugehen und sich aufgrund der eigenen, persönlichen Situation für definitive und absolute Veränderungen die notwendige Zeit zu nehmen. Wer im Weiteren das Trinken beibehalten möchte, kann völlig frei wählen, was, wie und wie viel er zu sich nimmt.

Es gibt kaum einen Grund, der dagegen, aber viele Gründe, die dafür sprechen, dass man weiterhin an den üblichen Mahlzeiten innerhalb der Familie, im Freundeskreis und im weiteren sozialen Umfeld teilnimmt. Wenn man dabei etwas trinkt, lässt sich dies erfahrungsgemäß auch gut handhaben, und die Tatsache, dass man nicht isst, fällt dann auch kaum noch auf und stört die anderen Tischgenossen nicht.

Es ist wichtig, sich bewusst zu sein, dass allein die Vorschriften zum Essen und Trinken während der drei Wochen des Prozesses absolut verbindlich sind. In Bezug auf alle anderen Hinweise und Empfehlungen ist man letztlich frei; man kann und sollte seine Entscheidungen seiner persönlichen, individuellen Situation und seinen eigenen Bedürfnissen und Erfordernissen anpassen und dabei letztlich immer auf die innere Stimme seines Gefühls und Gewissens hören.

Nahrungslosigkeit gestern und heute

Ein kurzer historischer Überblick und erste wissenschaftliche Erklärungsversuche
von Stephen Janetzko

Das Phänomen der Nahrungslosigkeit mit all seinen Varianten wird nicht erst seit Jasmuheen diskutiert. Der Grazer Mediziner Dr. Karl Graninger hat schon Anfang des 20. Jahrhunderts vierzig ungewöhnliche Fälle dokumentiert, in denen Menschen unterschiedlich lang nahrungslos gelebt haben. Ihn erstaunte bei Personen, die im Krieg weder feste noch flüssige Nahrung hatten, dass sie offensichtlich unterschiedlich darauf reagierten: Tod durch Verhungern auf der einen, ein Aufblühen der Gesundheit auf der anderen Seite.

Die bekanntesten Fälle von Nahrungslosigkeit in Deutschland sind die der Maria Furtner und der Therese von Konnersreuth. Maria Furtner (1821–1884) wurde als »Wassertrinkerin von Frasdorf« im oberbayerischen Bezirk Rosenheim bekannt; die Bauerntochter »genoss 52 Jahre hindurch nichts als Wasser«, was sogar auf ihrem Grabstein verewigt wurde. Therese Neumann (1898 bis 1962) aus dem bayerischen Konnersreuth, ebenfalls eine streng katholische Bauerntochter, nahm knapp 40 Jahre nichts als etwas Wasser – ab 1922 ein bis zwei Löffel voll, ab 1927 auch dies nicht mehr – und die tägliche Hostie zur heiligen Kommunion zu sich, wobei selbst diese sich nach verschiedenen Zeugenaussagen noch auf der Zunge dematerialisierte und somit gar nicht erst dem Stoffwechsel zur Verarbeitung überlassen wurde. Sie lebte also effektiv 35 Jahre ohne jegliche Nahrung.

Die von Graninger und anderen berichteten Fälle haben Verschiedenes gemeinsam: Durchweg handelt es sich hier um fromme und sehr sensible Menschen, die sich ihres Schicksals nur in geringem Umfang bewusst waren. Meist stehen die Umstände, die zur Nahrungslosigkeit führen, zudem in pathologischem Zusammenhang: Alle hatten »in jungen Jahren durchwegs einen Knochenmarkschaden, also im bluterzeugenden Teil des Körpers«, so Dr. Albert A. Bartel, der die Arbeit Graningers fortführte. »Alle hatten keinen Alpdruck des Verhungerns; die Übergänge waren völlig schmerzlos.«

Der bekannte indische Meister Paramahansa Yogananda, der auch persönlich Kontakt zu Therese Neumann hatte, berichtet die Geschichte von der Inderin Giri Bala, die zum Zeitpunkt seines Besuches über 56 Jahre weder gegessen noch getrunken hatte. Sie war seit ihrer Kindheit durch ihre unbändige Essgier aufgefallen. Mehrfach deswegen von der Schwiegermutter angegangen, erwiderte sie spontan: »Ich werde dir bald beweisen, dass ich überhaupt keine Nahrung mehr anrühre, solange ich lebe.« Ihre darauffolgenden Gebete wurden in der Tat erhört.

> *»Alle Menschen ernähren sich vielleicht zu 30 Prozent von Licht, nur sind wir uns dessen normalerweise nicht bewusst.«*

Im Gegensatz zu Jasmuheen fühlte sich bislang aber niemand dazu aufgerufen, ein Leben ohne Nahrung nach außen zu »lehren«. Giri Bala meinte dazu: »Die Bauern würden es mir nicht danken, wenn ich viele Leute lehrte, ohne Nahrung zu leben; das würde bedeuten, dass die köstlichen Früchte am Boden liegen bleiben und verderben. Anscheinend sind Elend, Hungersnot und Krankheit die Geißeln unseres Karmas, die uns letzten Endes dazu verhelfen, den wahren Sinn des Lebens zu verstehen.«

Auch heute noch gibt es neben Jasmuheen und all denen, die ihr mehr oder weniger nachfolgen, ganz natürlich erscheinende Fälle von zumindest kurzfristigem Nichtessen und Nichttrinken: Der Ernährungsberater Roland Possin erzählte mir von seiner Süddakota-Reise aus erster Hand, dass beispielsweise die Lakota-Indianer während ihrer viertägigen Visionsreise nicht nur, wie es bei vielen Stämmen üblich ist, nichts essen, sondern auch keinerlei Getränke zu sich nehmen. Der Lakota-Kenner Gerhard Buzzi schreibt dazu in seinem Buch »Indianische Heilgeheimnisse« (G. Lübbe Verlag, Bergisch Gladbach 1997): »Der Visions-Suchende war weiß bemalt und von einem erfahrenen Medizinmann begleitet, der am Fuß des Berges für ihn betete. Für die nächsten vier Tage war der Suchende allein – ohne Essen und Trinken. Nur vertieft im Gebet mit seiner Pfeife.«

Wie ist nun aber längere Nahrungslosigkeit zu erklären? Auf der geistigen Ebene klingt dies ganz einfach: Lichternährte beziehen ihre Nahrung direkt aus dem Äther. Man geht davon aus, »dass alle Erscheinungen auf eine Urkraft, auch Psi genannt, zurückgehen und dass es in Ausnahmefällen Personen gibt, die mit dieser in Verbindung stehen und sich von dorther die Energie holen, die wir andere mühsam aus der Nahrung gewinnen müssen«, so wird A. von der Alz bei Bartel zitiert.

»Dabei wird uns von modernen Biophysikern bestätigt, dass beim Menschen sowieso drei Viertel der Energiezu- und -abfuhr über elektromagnetische Strahlung geschieht und dass die Energieversorgung über die Nahrung in diesem Sinne quantitativ eine eher untergeordnete Rolle spielt.« (PD Dr. med. Jakob Bösch)

Bartel hält alle früheren Fälle biochemisch für eine Art »menschlicher Pflanzen«: »Die Inedia-completa-Menschen [völlige Nichtesser] sind durch Beschädigung der blutbildenden Organe per Zufall zu einer Art menschlicher Pflanze geworden, wobei der biochemische Mechanismus der Lebensenergieerzeugung aus ›erster Hand‹, das heißt durch die Kohlensäureassimilation ermöglicht wird.« Die offene Frage ist, ob dieser Zustand eben auch gezielt bewusst und ohne pathologische Umstände herbeigeführt werden kann.

Eine aktuell interessante Erklärungsmöglichkeit der Nahrungslosigkeit finden wir bei Prof. Dr. George Merkl: Er entdeckte, dass sich der energieaufwendige Vorgang der Zelle, aus ATP (Adenosintriphosphat) Adenosindiphosphat zu gewinnen – ein Energiegewinnungsvorgang, der besonders in den Mitochondrien, den »Kraftwerken« der Zellen, geschieht –, durch eine Veränderung der Leitfähigkeit der Proteine umgehen lässt: »Wenn alle unsere Proteine eine Superkonduktivität aufweisen würden (unbegrenzte Leitfähigkeit), dann könnten wir mit Hilfe dieses genetischen Materials die metabolische Energiegewinnung umgehen und bräuchten Nahrung nur aus Freude aufnehmen und nicht mehr aus Notwendigkeit.« Dazu Prof. Fritz-Albert Popp, der bekannte Biophotonen-Experte aus Kaiserslautern:

»Ich glaube schon, dass wir im Prinzip von Licht leben, zum Beispiel ist natürlicher Zucker ein Lichtspeicher par excellence. So ist die Lichtqualität unserer Nahrung wahrscheinlich das A und O. Ich sehe selbst zwar keinen Grund, mit dem Essen aufzuhören, aber unmöglich scheint mir dies nicht zu sein. Studien hierzu wären gut, denn erzählt wird immer viel.«

Es gilt daher, das Thema Lichtnahrung und Nahrungslosigkeit wissenschaftlich besser abzusichern. Hierfür bedarf es nicht nur Menschen, die bereit sind, ihre eigenen Erfahrungen weiterzugeben und sich gegebenenfalls regelmäßig wissenschaftlichen Untersuchungen zu unterziehen, sondern auch mutiger Forscher, die sich zu entsprechenden Studien aufgerufen fühlen. Auch soll es demnächst gezielt Schulungen für interessierte Heilpraktiker und Ärzte geben, so dass eine durchgehende medizinische Betreuung während des Lichtprozesses für all die möglich ist, die dies wünschen. (Interessenten wenden sich an: Christopher Schneider, govind@web.de.)

Quelle: ELRAANIS – Magazin für Lichtnahrung, Lichtarbeit und Spiritualität, 3(1998): 60–61, Berlin 1998

Bekannte historische und aktuelle Beispiele

Wie bereits in der Einleitung dargelegt, geht es heute nicht darum, ob ein »Heiliger«, ein »Yogi« Erfahrungen wie jene der Lichternährung machen kann, sondern ob es Kräfte gibt, die als natürliche Kräfte bei normalen Menschen wirken können und dadurch unser wissenschaftliches Verständnis grundlegend erweitern. Dabei können die bekannten historischen Beispiele das heutige Phänomen der Lichternährung einerseits nochmals von einer andern Seite beleuchten und andrerseits das Weltbild des gewöhnlichen Menschen auch bis zu einem gewissen Grad in Frage stellen oder gar erschüttern.

> »Es ist eine ätherische Energie, die mich und alles umgibt, und wenn man diese einmal ›angezapft‹ hat, dann fließt sie kontinuierlich. Auch wenn wir es der Einfachhheit halber ›Lichtnahrung‹ nennen, geht es dabei nicht um Wirkungen des physischen Lichts. Es geht um das ganze Energieumfeld, das wir auch mit dem Begriff Ätherkräfte bezeichnen könnten.«

Ein indischer Fakir als »Herausforderung für die Wissenschaft«

Ein aktuelles Beispiel, das kürzlich durch die europäische Presse ging: Prahlad Jani, ein 76-jähriger indischer Fakir, hat nach eigenen Angaben seit 65 Jahren nichts mehr gegessen und getrunken und ein zunächst ungläubiges Ärzteteam verblüfft. Der Vizedirektor des Krankenhauses, in dem der Fakir beobachtet wurde, sagte nach einem Bericht der »Hindustan Times«: »Er hat seit zehn Tagen weder Nahrung noch Flüssigkeit zu sich genommen und weder Urin noch Stuhl ausgeschieden.« Dabei sei er körperlich und geistig völlig gesund und sei auch, so einer seiner »Jünger«, noch nie krank gewesen. Ein anderer Arzt räumte ein, man habe keine Erklärung für das Phänomen. Möglicherweise handle es sich »um etwas Göttliches«.

»Lichternährung ist ein Geschenk. Und das Leben ist ein Geschenk.«

Jani, der normalerweise in einer Höhle nahe einem Tempel im westindischen Bundesstaat Gujarat lebe, führe seine Fähigkeit auf eine Gabe der Göttin Amba Mata zurück, berichtete das Blatt weiter. Er gebe an, eine seit seiner Kindheit aus einem Loch im Gaumen strömende Flüssigkeit ersetze die Nahrungs- und Flüssigkeitsaufnahme. Die Ärzte hätten den Austritt von Flüssigkeit aus einem Loch im Gaumen bestätigt, sie aber nicht analysieren können.

Während des Krankenhausaufenthaltes in der Stadt Ahmedabad sei Jani rund um die Uhr per Videokamera überwacht worden, berichtete die britische BBC. Um den Ärzten die Überwachung zu erleichtern, habe er auch auf das Baden verzichtet. 100 Milliliter Wasser täglich – etwa ein halbes Glas – seien ihm zugestanden worden, um den Mund zu spülen. Nach dem Ausspucken sei die Menge erneut gemessen worden, um sicherzugehen, dass Jani nichts davon getrunken habe.

Der zu Ehren von Amba Mata stets rot gekleidete, sehr dünne Mann mit schlohweißem langem Bart sei »eine Herausforderung für die Wissenschaft«, sagte der Vizedirektor des Krankenhauses. Alle medizinischen Testergebnisse seien völlig normal. Während des Spitalaufenthaltes schien es nach Angaben der Ärzte, als habe sich Urin in seiner Blase gebildet, der dann aber von der Blasenwand wieder aufgenommen worden sei.

Quelle: dpa-Meldung vom 26. November 2003 in der Zeitschrift Stern

Die Begegnung des Yogi Yogananda mit Therese von Konnersreuth

Der Bezug zum Geistig-Spirituellen und – es sei hier mit Bedacht gesagt – auch zum Religiösen scheint bei diesen Phänomenen nicht unbedeutend. Innere Religiosität verstanden als eine Realität unabhängig von einer Konfession. In diesem Zusammenhang sei das bekannte Beispiel der Begegnung des Yogi Yogananda als Vetreter östlicher Geistigkeit mit der christlichen Mystikerin Therese Neumann, die sich dem katholischen Glauben und deren Kirche zugehörig fühlte, angeführt (Yogananda 1997, Seite 462ff.):

»(...) ich beabsichtigte, eine Pilgerfahrt nach Bayern zu machen. Ich fühlte, dass dies die einzige Gelegenheit für mich sein würde, die große katholische Mystikerin Therese Neumann von Konnersreuth zu besuchen. Vor Jahren hatte ich einen erstaunlichen Bericht über Therese gelesen, der folgende Informationen enthielt:
— Therese, die am Karfreitag 1898 geboren wurde, erlitt im Alter von zwanzig Jahren einen schweren Unfall; die Folge davon war, dass sie erblindete und gelähmt wurde.
— Im Jahre 1923 gewann sie durch ihre Gebete zur heiligen Therese von Lisieux auf wunderbare Weise ihr Augenlicht wieder. Später wurde sie ebenso plötzlich von ihrer Lähmung geheilt.
— Von 1923 an hat sich Therese aller Nahrung und Getränke enthalten, mit Ausnahme einer kleinen geweihten Hostie, die sie täglich zu sich nimmt.
— 1926 erschienen die Stigmata, die heiligen Wundmale Christi, an Thereses Kopf, Brust, Händen und Füßen. Jeden Freitag erlebt sie die Passion Christi an ihrem eigenen Körper. (Nach den Kriegsjahren erlebte Therese die Passion nicht mehr jeden Freitag, sondern nur an gewissen heiligen Tagen des Jahres.)
— Sie spricht normalerweise nur ihren heimatlichen Dialekt, äußert jedoch jeden Freitag während ihrer Trance Sätze in einer fremden Sprache, welche die Gelehrten als Altaramäisch identifiziert haben. Zu bestimmten Zeiten ihrer Vision spricht sie auch Hebräisch oder Griechisch.
— Mit kirchlicher Erlaubnis hat sich Therese mehrmals eingehenden wissenschaftlichen Untersuchungen unterzogen. Dr. Fritz Gerlich, der Herausgeber einer deutschen evangelischen Zeitung, der nach Konnersreuth fuhr, ›um den katholischen Schwindel zu entlarven‹, schrieb später eine von großer Ehrfurcht zeugende Biographie über Therese. (...)

Am folgenden Morgen machte sich unsere Gruppe auf den Weg nach dem friedlichen Eichstätt. Dr. Wutz begrüßte uns äußerst herzlich. ›Ja, Therese ist hier‹, sagte er und ließ sie sogleich von unserem Besuch unterrichten. Bald kam ein Bote mit ihrer Antwort zurück: ›Obgleich der Bischof mich gebeten hat, niemanden ohne seine Erlaubnis zu sprechen, will ich den Gottesmann aus Indien empfangen.‹ Tief berührt von diesen Worten folgte ich Dr. Wutz zum Wohnzimmer im oberen Stockwerk. Gleich darauf trat Therese ein und strahlte Frieden und Freude aus. Sie trug ein schwarzes Gewand und ein blütenweißes Kopftuch. Obgleich sie damals 37 Jahre alt war, wirkte sie viel jünger und besaß eine bezaubernde kindliche Frische. Gesund, gut gewachsen, fröhlich und mit rosigen Wangen – so stand sie vor mir, die Heilige, die nichts isst! Therese begrüßte mich mit einem freundlichen Händedruck. Wir lächelten uns in stillem Einvernehmen an, und jeder wusste vom anderen, dass er Gott liebte.

»Die einzige Voraussetzung für Lichternährung ist das Vertrauen in sie.«

Dr. Wutz bot sich als Dolmetscher an. Als wir uns setzten, bemerkte ich, dass Therese mich mit naiver Neugier betrachtete; Hindus waren offensichtlich eine Seltenheit in Bayern.

›Sie essen nie etwas?‹ Ich wollte die Antwort gern aus ihrem eigenen Munde hören.

›Nein, nur eine Hostie, die ich jeden Morgen um 6 Uhr nehme.‹

›Wie groß ist die Hostie?‹

›Nicht größer als eine Münze und hauchdünn.‹ Und erklärend fügte sie hinzu: ›Ich empfange sie als Sakrament; wenn sie nicht geweiht ist, kann ich sie nicht schlucken.‹

›Sie können aber nicht zwölf Jahre lang nur davon gelebt haben?‹

›Ich lebe von Gottes Licht.‹ – Wie einfach ihre Antwort war – wie ›einsteinisch‹!

›Ich verstehe. Sie wissen, dass Sie von der Kraft erhalten werden, die aus dem Äther, der Luft und den Sonnenstrahlen in Ihren Körper einströmt.‹

Ein flüchtiges Lächeln huschte über ihre Züge. ›Ich freue mich so, dass Sie verstehen, wie ich lebe.‹

›Durch Ihr heiliges Leben beweisen Sie täglich die von Christus verkündete Wahrheit: Der Mensch lebt nicht vom Brot allein, sondern von einem jeglichen Wort, das durch den Mund Gottes geht (Matthäus 4, 4).‹

Wiederum zeigte sie offensichtliche Freude über meine Erklärung. ›So ist es wahrhaftig. Einer der Gründe, um derentwillen ich heute auf Erden lebe, ist der, den Menschen zu beweisen, dass sie von Gottes unsichtbarem Licht und nicht nur von Nahrung leben können.‹

›Können Sie andere lehren, wie man ohne Nahrung lebt?‹

Diese Frage schien sie ein wenig zu erschrecken. ›Das kann ich nicht – Gott will es nicht!‹

Als mein Blick auf ihre kräftigen und schön geformten Hände fiel, zeigte mir Therese auf beiden Handrücken eine frisch verheilte viereckige Wunde. Dann ließ sie mich ihre Handflächen sehen, in denen sich eine kleinere, halbmondförmige Wunde befand, die gerade verheilt war. Beide Wunden gingen durch die ganze Hand hindurch. Dieser Anblick rief mir deutlich die breiten viereckigen Eisennägel mit halbmondförmiger Spitze in Erinnerung, die noch heute im Orient verwendet werden; ich erinnere mich jedoch nicht, sie irgendwo im Abendland gesehen zu haben.

Die Heilige erzählte mir daraufhin einiges über ihre wöchentlichen Trancen. ›Ich erlebe als hilflose Zuschauerin die ganze Leidensgeschichte Christi mit.‹ Jede Woche von Donnerstag um Mitternacht bis Freitag mittag um 1 Uhr öffnen sich ihre Wunden und bluten. Dabei verliert sie 10 Pfund ihres gewöhnlichen Gewichts, das 121 Pfund beträgt. Obgleich Therese in ihrem tiefen Mitgefühl während dieser wöchentlichen Visionen unsagbar leidet, freut sie sich dennoch jedesmal darauf.

Ich erkannte sofort, dass ihr Gott diese ungewöhnliche Aufgabe übertragen hatte, um alle Christen von der historischen Tatsache der Kreuzigung Jesu, so wie sie im Neuen Testament beschrieben wird, zu überzeugen; denn ihre dramatischen Visionen offenbaren das zwischen dem galiläischen Meister und seinen Gläubigen bestehende ewige Band.

> *»Essen am Tisch ist eine vergröberte Nahrungsaufnahme, das Atmen und die Sinneswahrnehmung – im Sinne eines Austausches als Sinnesatmung – eine feinere.«*

Von Professor Wutz erfuhr ich nähere Einzelheiten über die Heilige. ›Oft machen wir mit unserer Gruppe, zu der auch Therese gehört, einen mehrtägigen Ausflug in die Umgebung‹, erzählte er mir. ›Therese isst während der ganzen Zeit überhaupt nichts, während wir anderen drei Mahlzeiten am Tag einnehmen – ein erstaunlicher Kontrast! Dabei bleibt sie frisch wie eine Rose und wird niemals müde. Wenn wir anderen hungrig werden und uns nach einem Gasthaus umsehen, lacht sie vergnügt.‹

Der Professor teilte uns auch einige interessante physiologische Tatsachen mit. ›Da Therese keine Nahrung zu sich nimmt, ist ihr Magen eingeschrumpft. Sie hat keine Ausscheidungen, doch ihre Schweißdrüsen funktionieren normal, und ihre Haut bleibt immer fest und geschmeidig.‹

Therese Neumann starb am 19. September 1962 in Konnersreuth.«

Zum Phänomen der Nahrungslosigkeit bei Therese Neumann
Nahrungslosigkeit, also die Tatsache, dass eine Person über Jahre hinweg weder Ess- noch Trinkbares zu sich nimmt, ist eine häufige, aber nicht notwendige Begleiterscheinung der Stigmatisation.

»Als Naturwissenschaftler, der beruflich viel Einblick in die heutige Medizin hat, war ich von Anfang an höchst interessiert an der Frage: Was passiert da eigentlich?«

Das Phänomen der Nahrungslosigkeit stellte sich im Fall der Therese von Konnersreuth sukzessive ein. Von Weihnachten 1922 an nahm sie nur noch Flüssigkeiten zu sich, und ab dem Fest der Verklärung Christi am 6. August 1926 nur noch einen Löffel Wasser mit 6 bis 8 Tropfen, um die heilige Hostie hinunterschlucken zu können. Seit September 1927 entfiel auch dieser kleine Löffel Wasser (Teodorowicz, S. 330). Offensichtlich elementar für ihr Überleben war jedoch der tägliche Empfang der heiligen Kommunion. Verstrich seit der letzten Kommunion mehr als ein Tag, verfiel sie in einen ohnmachtähnlichen Schwächezustand, aus dem sie nur der Empfang der Eucharistie befreien konnte. Dies beschreibt u. a. Kaplan Fahsel wie folgt: »Zuerst einmal bemerkt man deutlich eine körperliche Stärkung. Oft befand sie sich vorher in einem bemitleidenswerten Zustand der Schwachheit (…) Klein und eingefallen war ihr Gesicht. Dunkle Ränder umlagerten die Augen. Kaum konnte sie sich auf ihren Stuhl hinter den Altar setzen. Nach ihrer Kommunion aber ist alles verschwunden« (Fahsel, S. 88).

»Man erlebt bei der Lichternährung eindeutig, dass man ernährt wird.«

Von diesem Ersatz von natürlicher durch geistige Nahrung sprechen auch die Worte Christi: »Nicht Mose hat euch das Brot vom Himmel gegeben, sondern mein Vater gibt euch das wahre Brot vom Himmel (…) Ich bin das lebendige Brot, das vom Himmel herabgekommen ist (…) Das Brot, das ich geben werde, ist mein Fleisch für das Leben der Welt (…) Mein Fleisch ist wahrhaft eine Speise (…)« (Joh. 6, 32; 6, 51; 6, 55).
Angesichts der Zweifel, die in der Öffentlichkeit in Bezug auf Thereses Nahrungslosigkeit erhoben wurden, bat der Regensburger Bischof Antonius von Henle 1927 um eine medizinische Bestätigung des Phänomens. Therese und schließlich auch ihr Vater

willigten in eine Untersuchung ein, die vom 14. bis 28. Juli 1927 in einer Beobachtung rund um die Uhr unter ärztlicher Anleitung und Aufsicht stattfand. Das Untersuchungsergebnis, das von Professor Ewald und dem Bischöflichen Ordinariat Regensburg veröffentlicht wurde, bestätigte ihre Nahrungslosigkeit.

> *»Für traditionell ausgebildete Naturwissenschaftler sind Fälle länger dauernder Nahrungslosigkeit und insbesondere das Fehlen von Flüssigkeitszufuhr auch heute noch ein Ärgernis und eine Provokation.«* (PD Dr. med. Jakob Bösch)

Als die Diskussion um Thereses Nahrungslosigkeit zur Zeit des Nationalsozialismus erneut aufflammte, drängte das Regensburger Domkapitel 1936 auf eine erneute, diesmal stationäre Untersuchung von Thereses Nahrungslosigkeit und ihres allgemeinen Gesundheitszustands. Therese gab wiederum ihre Einwilligung. Angesichts der in der nationalsozialistischen Öffentlichkeit laut gewordenen Forderung, Therese in eine psychiatrische Klinik einzuliefern, befürchtete Vater Neumann jedoch, dass seiner Tochter bei dieser Untersuchung Schaden zugefügt werden könne. Vor einem Klinikaufenthalt warnten unter anderen auch Professor Lechner, Eichstätt, die Kardinäle Konrad von Preysing, Berlin, und Michael Faulhaber, München, zumal bekannt geworden war, dass verschiedene den Nationalsozialisten »unliebsame Personen« in Kliniken unter mysteriösen Umständen umkamen bzw. einfach verschwanden. Er verweigerte daher seine Zustimmung.

1940 ergab sich dennoch die Gelegenheit für eine zweite Beobachtung und Bezeugung ihrer Nahrungslosigkeit, »als vom 7. bis 13. Juli Therese nach einem Gehirnschlag halbseitig gelähmt im Hause Wutz in Eichstätt zu Bett lag und ganz auf fremde Hilfe angewiesen war. Auf Anordnung von Bischof Michael Rackl wurde sie in dieser Zeit unter strengster Kontrolle gehalten« (Steiner, Lebensbild Therese Neumann, S. 28).

Vereidigte Aussagen aller Teilnehmer der Überwachungs- und Untersuchungskommissionen einschließlich der mit der Sache befassten Ärzte und Universitätsprofessoren sowie verschiedener Zeitzeugen beweisen Thereses Nahrungslosigkeit. Auch bestätigen dies alle Verwandten und Personen, die Gelegenheit hatten, Thereses Umfeld und Verhalten genau zu beobachten.

Am 15. 1. 1953 gab Therese in Eichstätt unter Eid folgende Erklärung zu ihrer Nahrungslosigkeit ab (Steiner, Visionen, Bd. 2, S. 287):

»1. Ohne ein genaues Datum angeben zu können, war die Verminderung der Nahrungsaufnahme während der Krankheit nach dem Unfalle von 1918, also etwa um 1918/19, im Gange.

2. Vollständig nahrungslos, ohne jedes Bedürfnis für Speise und Trank, lebe ich seit Weihnachten 1926; in der Zeit von Weihnachten 1926 bis September 1927 nahm ich die hl. Gestalt bei der Kommunion mit einem Löffelchen Wasser. Seit dieser Zeit ist auch dies weggefallen; ein förmlicher Ekel vor Nahrung und Widerwillen dagegen war bei mir schon seit 6. August 1926 vorhanden.

3. Eine Zeitlang versuchte ich noch Nahrung in flüssiger Form zu mir zu nehmen. Doch brach ich alles wieder (unter Würgen) und gab die Versuche daher auf. Seit der Aufgabe dieser Versuche ist mir viel wohler, da das mit den genannten Versuchen verbundene Abwürgen samt den damit verknüpften Herzbeschwerden wegfällt. Das Schlucken macht mir schon seit Weihnachten 1922 bis heute (bei der hl. Kommunion in gewöhnlichem Zustand) größte Beschwerden.

4. (...) Nach meiner Überzeugung und meinem Wissen lebe ich vom sakramentalen Heiland, der in mir (...) bis kurz vor der nächsten Kommunion verbleibt. Nach Auflösung der sakramentalen Gestalten befällt mich Schwächegefühl und stärkeres leib-seelisches Verlangen nach der hl. Kommunion.«

Quelle: *www.thereseneumann.de*

Gibt es heute noch solche Phänomene?

Therese Neumann war ein Beispiel aus der Vergangenheit, aber wie steht es heute mit ähnlichen Phänomenen? Gibt es aktuelle Beispiele von Nahrungslosigkeit im Zusammenhang mit religiösmystischer Erfahrung?

»Was Medien und medizinische Experten protestierend auf den Plan ruft, dürfte die Unvereinbarkeit eines solchen Prozesses mit unserem vorherrschenden Weltbild sein.« (PD Dr. med. Jakob Bösch)

Während der Arbeit an diesem Buch haben wir von einem solchen Beispiel erfahren. Michael Werner konnte die Frau treffen, die mit ihren Erfahrungen zu diesem Zeitpunkt jedoch nicht an die Öffentlichkeit treten möchte. Bei der 33-Jährigen, die als Sekretärin und Architektin arbeitet, traten im vergangenen Jahr in der Passionszeit die Stigmata, die Wundmale Christi, auf. Nach Berichten aus ihrem Umfeld haben sich diese bis zum heutigen Tage nahezu unverändert erhalten. Durch das Ereignis der Stigmatisation ergab sich auch eine Umwandlung des gesamten physischen Organismus. Die Frau zeigt eine gesteigerte Sensibilität der Sinneswahrnehmung und eine tiefgreifende Veränderung im Bereich der Ernährung. Sie betont, dass dies nicht als Ergebnis irgendeiner Askese verstanden werden kann, sondern durch eine leibliche Umgestaltung. Ihre vollständige Nahrungslosigkeit führt anscheinend weder zu einem Gewichtsverlust noch zu anderen Einschränkungen oder körperlichen Beschwerden. Es sei vielmehr so, dass der Leib in seiner veränderten Kondition jede irdische Nahrung abwehre. Nur Wasser könne sie in beschränktem Maß aufnehmen.

Dieses Beispiel zeigt, wie die Nahrungslosigkeit als Begleiterscheinung in einem viel größeren Zusammenhang auftreten kann. Es ist anzunehmen, dass in diesem Fall wie auch bei Michael Werner die Quelle der Lichternährung dieselbe ist, nämlich ausgehend von demjenigen Wesen, das von sich sagt »Ich bin das Licht der Welt«. Doch der Weg und auch die erste Motivation ist unterschiedlich. Bei dem obigen Beispiel ist eine religiöse Erfahrung der Grund und der Ausgangspunkt, bei Michael Werner ist es wissenschaftliches Suchen und ein bewusster Entscheid, die Erfahrung einer anderen Form der Ernährung zu machen. Und dennoch berühren sich die beiden Wege – denn sagt nicht auch Michael Werner, dass es nur durch wirkliches, tiefes Vertrauen in die geistige Welt möglich ist?

Niklaus von Flüe

Gehen wir noch weiter zurück in die Vergangenheit: Bereits vor mehr als als einem halben Jahrtausend verunsicherte der berühmte Bruder Klaus durch seine Nahrungslosigkeit die Menschen, provozierte und erschütterte ihr Weltbild.

> *»Fast das Eindrücklichste an der ganzen Erfahrung ist für mich die Erkenntnis, dass in unserer scheinbar so aufgeklärten wissenschaftlichen Welt die Offenheit, grundlegende weltanschauliche Ansichten zu überprüfen und in Frage zu stellen, gegenüber der Zeit von Galileo nicht zugenommen, wahrscheinlich sogar eher abgenommen hat.«* (PD Dr. med. Jakob Bösch)

Niklaus wurde 1417 auf dem Flüeli im Obwaldner Melchtal geboren. Er war verheiratet mit Dorothea und hatte mit ihr zehn Kinder, fünf Mädchen und fünf Knaben. Nach einer weltlichen

Karriere als Bauer, Soldat, Richter und Anwalt zog er sich in seinem fünfzigsten Lebensjahr aus allen persönlichen und sozialen Verpflichtungen zurück und lebte von da an ganz in der Nähe seines früheren Wohnhauses als Einsiedler in der Ranftschlucht im Melchtal. Er verzichtete nachgewiesenermaßen während der zwanzig folgenden Jahre auf jegliche Nahrungseinnahme. Mit siebzig Jahren, an seinem Geburtstag, am 21. März 1487, stirbt »Bruder Klaus«, wie der inzwischen weiterum bekannt gewordene Ratgeber und Weise mittlerweile genannt wurde.

In einem Kapitel seines Buches über Niklaus von Flüe fasst der Biologe und Priester der Christengemeinschaft Johannes Hemleben seine Gedanken über das Thema der Ernährung zusammen. Die äußerst aufschlussreichen Überlegungen, die er als Biologe dem Phänomen der Nahrungslosigkeit widmet, seien hier ausführlich wiedergegeben (Hemleben 1977):

»Die Hauptschwierigkeit für ein Erkennen und Durchschauen des Phänomens der Nahrungslosigkeit von Bruder Klaus liegt für den heutigen Menschen in der anerkannten Wissenschaft der Ernährungsphysiologie. Diese hat gegenüber aller Vergangenheit einen beachtlichen Stand erreicht und Einsichten in objektive Tatsachenzusammenhänge erlangt, die unbezweifelbar sind. Doch sie beziehen sich fast ausnahmslos auf den ersten Teil des Ernährungsvorganges, auf die Stoffaufnahme, nicht auf die Stoffverwandlung. Wir sind gezwungen, uns hier auf die Grundlagen der menschlichen Existenz überhaupt zu besinnen.

Biologisch gesehen, ist der Mensch der Natur gegenüber weitgehend ein Parasit. Er ermöglicht sich sein kreatürliches Leben durch Zerstörung seiner Umwelt und durch Neugestaltung des Zerstörten im Dienst seiner eigenen Zwecke. Siedlungs- und Straßenbau, Wohnung und Kleidung werden erst durch die zerbrochene Natur ermöglicht, welche dann zielstrebig vom Menschen neu geformt wird. Dieses Grundgesetz gilt auch in einem besonderen Maße für die menschliche Ernährung. Salz, Pflanzen und Tiere entnimmt der Mensch der Natur, baut sie nach seinen Plänen ab oder an oder pflegt und hütet sie in Herden, immer – soweit es die Ernährung betrifft – mit dem Ziele, sie eines Tages zu vernichten und sich einzuverleiben. Nach dem ersten groben Zerbrechen oder Töten folgt im allgemeinen ein verfeinerter Prozess der Zubereitung durch Schneiden, Schaben und dergleichen. Das Feuer nimmt der Mensch zu Hilfe, um die Nahrung weiter durch Kochen dem Menschen leichter zugänglich zu machen. Soweit die Hände – wie bei Früchten und Obst – direkt nicht weiter benötigt werden, ist der kultivierte Mensch im Gebrauch von ›Messer und Gabel‹ geübt, die schon weitgehend zerkleinerte Naturgabe seiner Ernährung weiter zuzuführen.

Mund und Zähne bilden die Grenzen von ›außen‹ nach ›innen‹. Hier beginnt nun der Ernährungsvorgang im eigentlichen Sinne. Die Zähne setzen das Schneiden, Reißen und Zermalmen dessen fort, was noch in Gestaltform die Lippen überschreitet. Es ist dies ein einfacher physikalischer Prozess, welcher der weiteren Zerstörung der Nahrungssubstanz dient, ehe diese vom Organismus nach innen aufgenommen wird. Die Nahrung, die zuvor nur durch den Tast-, Augen- und Geruchssinn wahrgenommen wurde, kommt jetzt im Bereich der Mundhöhle, der Zunge und des Gaumens in Berührung mit dem Geschmackssinn und wird zugleich zu weiterer Auflösung durchgespeichelt.

> *Genau beobachtet, ist dies ein seelisch-physischer Prozess, der sich sowohl in der Art des Schmeckens – wir sagen auch ›des Mundens‹ – äußert, wie er auch eine chemische Komponente hat.*

Im flüssigen Speichel befindet sich der Wirkstoff (Enzym) Ptyalin, der vor allem alle Kohlehydrate, wie zum Beispiel die im Brot vorhandene Stärke, angreift und in einen Prozess weiterer Auflösung und Aufspaltung überführt. Kurze Zeit spürt der gesunde Mensch *noch*, aber ohne Geschmacksempfindung, das Verschwinden der zum Speisebrei gewordenen Nahrung. Vom Schlundende verliert der Essende in der Regel das Aufgenommene aus dem Bewusstsein. Nur Störungen des normalen Verlaufes pflegen sich durch Schmerzen geltend zu machen, um so die Aufmerksamkeit auf einen Prozess zu lenken, der sonst ohne jedes bewusste Zutun des Menschen sich abspielt. Erst im Umkreis der Ausscheidungen tritt der völlig unbewusste Ernährungsvorgang wieder in das Bewusstsein und fordert zum Mithandeln auf.

Umso erstaunlicher ist der weitere Verlauf des im Unbewussten der Leibesvorgänge sich vollziehenden Prozesses der Ernährung. In Konsequenz des durch die äußere Zerbrechung und physikalische Zerstörung erfolgten Teiles der Nahrungsaufnahme setzt der Organismus die Auflösung mit weiteren chemischen Mitteln fort. Wir erwähnen hier nur die wichtigsten uns heute bekannten Stationen des Ernährungsprozesses. Sobald der Speisebrei den Magen erreicht hat, wird er von dem Enzym Pepsin durchdrungen, das die weitere Zerstörung der noch als Fremdkörper im Organismus wirkenden Nahrungssubstanz bewirkt. Pepsin löst die ursprünglichen Eiweißzusammenhänge und spaltet diese zu Peptonen auf. Auf dem Wege vom Magen zum Darm gelangt der Nahrungsstrom im Bereiche des Zwölffingerdarms zur Bauchspeicheldrüse (Pankreas), welche ihrerseits nun das Verdauungsferment Trypsin ausscheidet. Dieses setzt den chemischen Auflösungsprozess weiter fort und löst alle noch vorhandenen Eiweißstoffe der Nahrung auf, so dass nun nur noch eine homogene, ihres Ursprungs entkleidete zähflüssige Substanz übrig bleibt. Übrig bleibt nach der Zerstörung der Kohlehydrate und des Eiweißes nur noch das aufgenommene Fett. Dieses pflegt die Wirkensbereiche von Ptyalin und Pepsin relativ unberührt zu passieren und wird erst durch die Wirkung des Enzyms Lipase aus dem Pankreas und der Galle in Glyzerin und Fettsäuren aufgespalten. Zu einem gewissen Teile bleibt das Fett von allen Maßnahmen der Verdauung unberührt und findet sich dann im Darminhalt relativ unverwandelt vor. Wird dieses Fett dann nicht verbraucht (als Wärmelieferant) und auch nicht ausgeschieden, so kann es dem menschlichen Körper eingelagert werden und so leicht als Fremdkörper – zu Krankheitsauslösungen führen.

Überblicken wir den hier in aller Kürze skizzierten Ernährungsvorgang des Menschen von der Aufnahme durch Hand und Mund bis zum Darm, so ist das waltende Prinzip von Anfang bis zum Ende auf Zerstörung und Auflösung der Nahrung gerichtet. Der Aufnahmevorgang ist, vom menschlichen Körper aus gesehen, ein einziger Abwehrprozess des Organismus gegen den eingedrungenen Fremdstoff.

Ptyalin, Pepsin, Trypsin und Lipase sind vier wesentliche Abwehrstoffe, bestimmt dazu, die fremde Substanz so weit wie nur möglich ihrer Ursprungskräfte zu entkleiden. Diesen Zerstörungsprozess der Nahrung hat, wie gesagt, die moderne Physiologie bis zu einem hohen Grade heute durchsichtig gemacht. Es ist ihr auch gelungen, unter anderem mit Hilfe radioaktiver Methoden, nachzuweisen, dass aufgenommene Substanzen im lebendigen Organismus jenseits der Darmwand in Blut, Lymphe und Knochen und so weiter nachweisbar sind. Völlig undurchschaut aber ist in dieser Forschung, wie die vom Mund bis zum Darm gelangte und ihres Ursprunges entkleidete Stofflichkeit auf der anderen Seite der Darmwand in den zwingenden Hoheitsbereich des jeweiligen spezifischen Organismus übergeführt wird und nun nicht mehr als Restbestände von Brot, Fleisch, Getränk und so weiter erscheint, sondern als Fleisch und Blut eines lebendigen Menschen. Mit anderen Worten: Der Abbau von Nahrung und Trank, von Brot und Wein wird durchschaut, ist unserer gedanklichen Erkenntnis zugänglich. Wie aber der *Neuaufbau* geschieht, wie aus Speise und Trank, aus Brot und Wein, Leib und Blut eines lebendigen, individuellen Menschen werden, das entzieht sich auch heute noch weitgehend unserer Einsicht.

Wer bis hierher gefolgt ist, wird unwillkürlich stutzen. Unversehens sind wir in das Zentrum der sakramentalen Theologie geraten. Denn das Mysterium des Altarsakramentes beruht ja seinerseits auf einer Verwandlung von Brot und Wein in eine ›höhere‹ Daseinsweise, die im religiösen Zusammenhang ›Leib und Blut Christi‹ genannt wird. Aber es gibt doch zu denken, dass das Geheimnis der natürlichen Ernährung auf dem existenziellen Prozess der Verwandlung von Speise und Trank in Leib und Blut des natürlichen Menschen beruht.

> *Dieser Vorgang geschieht, wie wir sahen, im Wesentlichen in dem vom menschlichen Bewusstsein unberührten Stoffwechselgeschehen. Das Geheimnis dieser Wandlung wird durch das im Menschen wirkende, von ihm selbst undurchschaute Prinzip der Natur vollzogen.*

Das christliche Altarsakrament, dem Nikolaus von Flüe in der mittelalterlichen Form tief verbunden war und das er als wesentliche Lebenshilfe erfuhr, hat die Verwandlung von Brot (Speise) und Wein (Trank), welche sich natürlicherweise in der Verborgenheit des unbewussten Leibeslebens zuträgt, in das Licht der Anschaubarkeit gehoben. Die Transsubstantiation auf dem Altar geschieht vor aller Augen, jetzt aber nicht als Naturprozess, sondern kraft des priesterlichen Auftrages in Verbindung mit der geistigen Hilfe einer gläubigen Gemeinde. Hier werden die Natursubstanzen verwandelt in einer Sphäre, die über die natürliche hinausführt. Es ist dies die Welt des Auferstandenen. Das sichtbare Brot und der sichtbare Wein werden zum Träger des übersinnlichen Leibes und Blutes Christi. Theologisch gesprochen: Das Reich Gottes, das nicht von dieser Welt ist, erscheint in dieser Welt und verwandelt dieselbe in eine höhere Daseinsstufe. An dieser Verwandlungskraft hatte Nikolaus von Flüe vor allem durch sein Gebetsleben einen einmaligen Anteil.

Selbstverständlich ist es nicht zulässig, den Vergleich beider Vorgänge zu verabsolutieren und den Unterschied der physiologischen und der sakramentalen Wandlung zu verleugnen. In der physiologischen Verwandlung werden die sichtbaren Ausgangsstoffe bis zur völligen Unkenntlichkeit vernichtet und erst in der Eingliederung als Substanz von Leib und Blut in den lebendigen Organismus erneut sichtbar. Beim Altarsakrament bleiben auch nach der Wandlung (Transsubstantiation) Brot und Wein sichtbar und werden mit der Kommunion dem Menschen ›einverleibt‹ – Leib und Blut Christi bleiben unsichtbar. Das Geheimnis der Transsubstantiation beruht also auf der unsichtbaren Verwandlung sichtbarer Substanzen.

Während die Ernährung, das heißt die Verwandlung der Nahrungsstoffe, im Unsichtbaren des Organismus geschieht, vollzieht sich das Altarsakrament im sichtbaren Felde auf unsichtbare Weise. Gemeinsam ist beiden die Gewinnung einer höheren Daseinsstufe.

Dieses geschieht im Ernährungsvorgange nach rein natürlichen Gesetzen. Alles, was wir über die physiologischen Prozesse zu sagen suchten, gilt im Prinzip gleicherweise für den Menschen wie für die höheren Tiere, in abgewandelter Form für alle Lebewesen. Die Transsubstantiation auf dem Altar geschieht nur, wenn Menschen sie wollen und sich entsprechend im Kultus verhalten. Solange noch ein gläubig-wissendes Verhältnis zu Leib und Blut Christi vorhanden war und gepflegt wurde, wusste man aber auch, dass es sich hier nicht um ›natürliche‹ Kräfte des Menschen handelt, sondern um ›übernatürliche‹, die dem Menschen aus einer anderen Daseinssphäre zuströmen, wenn er sie in entsprechender Weise sucht.

Dies setzt voraus, dass der suchende Mensch in irgendeiner Weise eine Beziehung zu dem findet, was im Christentum das *Wirken* der Gnade genannt wird. Denn die Natur kann der Mensch seiner Willkür unterwerfen, die Kraft des Auferstandenen ist dieser entzogen.

Der Mensch kann der Gnade nur teilhaftig werden, wenn er sich zu Demut und Bescheidenheit erzogen hat. Das meinten die mittelalterlichen christlichen Theologen, wenn sie sagten: Die Natur kann man wissen, die Übernatur muss man glauben.

Als die Neuzeit heraufkam, wurde diese Zweiteilung des geistigen Lebens immer problematischer. Es lag und liegt im echten Bedürfnis des modernen Menschen, auch die Inhalte seines religiösen Glaubens denken und erkennen zu können. Für Nikolaus von Flüe bestanden diese Probleme nicht. Er gehörte zu den seltenen Menschen seiner Zeit, die nicht nur die Wirkung des Altarsakramentes gläubig empfanden, sondern mit vollem, wachem Bewusstsein – obwohl er kein Priester war – die Transsubstantiation immer erneut erleben konnten. Für ihn war sein Glaubenserlebnis zugleich bewusste Erfahrung und diese Erfahrung lebendige Erkenntnis. So wenig ein Mensch mit gesundem Auge an der Existenz der Sonne zu zweifeln vermag, so wenig vermochte Bruder Klaus an der höheren Wirklichkeit von Leib und Blut Christi auf dem Altare zu zweifeln. (…) Wohl sah er manche Missstände in seiner Kirche, doch wären diese für ihn nie ein Grund gewesen, sich von seiner Kirche zu trennen. Unabhängig von der Würdigkeit oder Unwürdigkeit eines einzelnen Priesters standen für ihn Priestertum und Sakrament jenseits aller Zweifel. Wie sollte er auch zweifeln an einem Geschehen, dessen höhere Wirklichkeit er immer wieder erfahren hatte?! Ebenso selbstverständlich wie es für den Durchschnittsmenschen ist, dass er sich täglich ernähren muss, ebenso selbstverständlich war für Nikolaus von Flüe die Erkraftungsmöglichkeit des ganzen Menschen bis in das Gefüge seines Leibes hinein durch Gebet und Altarsakrament. Dass sich hier die Geister scheiden, ist natürlich. Bruder Klaus lebte in den zwanzig Jahren seiner totalen Abstinenz in der Erfahrung übersinnlicher Wirklichkeit. Alle – sei es einst, sei es heute –, die selbst keinen Zugang zu dieser Erfahrungssphäre haben, werden an seiner Nahrungslosigkeit zweifeln. Sie gleichen Blindgeborenen, die sich von Sehenden nicht über die Farben belehren lassen wollen. Eine Diskussion in einer solchen Situation kann schwerlich fruchtbar werden. Jenseits und über aller Diskussion stehen die Worte von Bruder Klaus: Die Erneuerung des Leidens Christi habe die Wirkung, dass, sobald er die Scheidung von Leib und Seele Christi betrachte, sein Herz von unaussprechlicher Süßigkeit erfüllt werde, die ihn so erquicke, dass er die menschliche Nahrung leicht entbehren könne.«

Weitere Erfahrungsberichte zum 21-Tage-Prozess

Michael Werner pflegt eine umfangreiche und zeitaufwendige Korrespondenz mit anderen Menschen zum Thema Lichternährung und hat auch immer wieder »Umstellungsprozesse« persönlich begleitet, wenn er spürte, dass jemand ganz aus eigener Verantwortung und aus freien Stücken zu dem Entscheid gekommen war.

Es ist letztlich eine verhältnismäßig kleine Anzahl von Menschen, die sich aufgerufen fühlen, dieses Unterfangen tatsächlich anzugehen. Dabei sei nochmals betont (siehe auch ausführlich Seite 91ff.), dass verschiedene Vorbedingungen erfüllt sein sollten, damit unnötige gesundheitliche oder andere Schwierigkeiten vermieden werden. Die »Umstellung« kann, auch wenn es in Michael Werners Darstellung fast wie eine Selbstverständlichkeit erscheint, je nach Ausgangslage Risiken bergen, und ein unverantwortliches Propagieren dieser Ernährungsform könnte zu Schäden führen. Bedingung ist in jedem Fall ein absolut eigenverantwortlicher freier Entscheid und eine gute Vorbereitung sowie in der Regel die Begleitung durch einen Menschen, der selbst Erfahrung mit der Lichternährung hat und dem man Vertrauen schenken kann.

Die im Folgenden angeführten Beispiele von Menschen, die ebenfalls den 21-Tage-Prozess durchlaufen haben, sollen ein Bild von den vielfältigen persönlichen und individuell ganz unterschiedlichen Erfahrungen geben und zeigen zum Teil auch gewisse Probleme bei der Durchführung oder in der Zeit danach.

Die Berichte machen einem bewusst, dass Lichternährung nicht nur für vereinzelte Ausnahmeerscheinungen, sondern für ganz gewöhnliche Menschen ein Thema sein kann. Sie können dem Leser die Vielfalt der individuellen Ausprägung im Umgang mit der Lichternährung vor Augen führen und einen Ausblick auf die vielen weiteren darin enthaltenen Möglichkeiten vermitteln. Die Auswahl oder besser Eingrenzung der angefragten Personen führte dabei zwangsläufig zu dem vorliegenden »zufälligen« Blumenstrauß von ganz persönlichen Aussagen und individuellen Meinungen.

Die Berichte stammen durchwegs von Menschen, die Michael Werner persönlich bekannt sind. Einige der zitierten Personen haben eine Beziehung zur Anthroposophie; dies ergab sich natürlicherweise daraus, dass Michael Werner selbst dieser Denkrichtung nahe steht und auch der erste ausführliche Bericht über ihn in der Wochenschrift der anthroposophischen Gesellschaft, *Das Goetheanum*, erschienen war. Dies soll jedoch keinen zwingenden inneren Zusammenhang nahe legen.

Erfahrungsbericht von Benno Walbeck

Das erste Mal erfuhr ich von dem 21-Tage-Prozess aus einem Artikel in der Zeitschrift *Das Goetheanum* im Herbst 2002. Damals war ich gerade 39 Jahre alt geworden und stand im zwölften Jahr meiner Schultätigkeit. Meine beiden Kinder lebten bei meiner geschiedenen Frau; die Trennung war in jeder Beziehung schwierig gewesen, ich lebte nun allein, hatte den Wohnort gerade gewechselt und versuchte mich in meine neue Umgebung einzuleben.

Der Artikel löste erst einmal Verwunderung darüber aus, dass das *Goetheanum* einen solchen Artikel abdruckte, obwohl die dort angegebene Literatur und der Vorgang an sich mir nicht mit der Anthroposophie kompatibel schienen. Es war ihm offensichtlich wichtig genug, dass sich seine Leser damit auseinander setzen sollten. Tatsächlich war ich von dem beschriebenen Vorgang durchaus angezogen, zweifellos schien mir Lichtnahrung möglich, und es entstand sofort die Frage: Können das wirklich alle, also auch du?

Eigentlich stand damit schon fest, dass ich das selber ausprobieren wollte. Aber es sträubte sich auch etwas in mir. Ich hatte in meiner Jugend überlegt, Bauer zu werden, da mir die Arbeit an der Erde als eines der großen Zeiterfordernisse vorkam. Stand dieses Aufgabenfeld nun generell in Frage? Das konnte ich mir nicht vorstellen. Und wäre Lichtnahrung für jeden möglich, würde dies das zur Selbstverständlichkeit gewordene, keinen Widerspruch duldende Dogma: Drei Tage ohne Wasser, wenige Wochen ohne Brot und du bist tot, in Frage stellen. Dann würde ja der Mensch verhungern und verdursten, weil ihm das seine Vorstellungsgewohnheit aufzwingt. Das würde mir den Boden unter den Füssen wegziehen.

Wenige Zeit nach dem Erscheinen des Artikels lernte ich dessen Autor, Michael Werner, kennen und hörte einen Vortrag von ihm über Lichtnahrung. Das Thema wurde mir vertrauter, Fragen klärten sich, neue entstanden. Es wurde mir deutlich, dass Lichtnahrung nicht das Welternährungsproblem löst, denn die Entscheidung für Lichtnahrung ist etwas sehr Individuelles und kann nicht für andere entschieden werden. Der Wunsch, Lichtnahrung selber auszuprobieren, wurde so bekräftigt.

Etwa ein Jahr nachdem ich erstmals von Lichtnahrung hörte, bin ich in den 21-Tage-Prozess eingestiegen. Neben der Neugierde, ob Lichtnahrung auch bei mir wirklich möglich sei, standen andere Aspekte wie mehr Zeit, mehr Kraft, Gesundheit und auch eine Entlastung des Budgets.

Die Widerstände, die folgten, waren vielfältig und kamen oft von unerwarteter Seite. Die erste Schwierigkeit war der Termin. Sich drei Wochen für den Prozess zurückzuziehen war schwer. Da die Sommerferien nicht in Frage kamen, blieben nur die anderen unterrichtsfreien Wochen. Die sind aber jeweils nur zwei Wochen lang, und als Lehrer kann ich meinen »Urlaub« nur in dieser Zeit nehmen. Zweimal habe ich mein Vorhaben verschoben. Schließlich legte ich die Ernährungsumstellung in die sechzehn unterrichtsfreien Tage im Herbst. Ich nahm in Kauf, den Prozess während meiner letzten drei Arbeitstage zu beginnen und ihn zwei Tage in meine Arbeitszeit hineinragen zu lassen. Ich habe immer viel Sport getrieben, war in guter physischer Verfassung, und nach Rücksprache mit dem Mentor, der mich durch den Prozess begleitet hat, schien dieser Weg gangbar.

Ich habe den Prozess zu Hause durchgeführt, ein Helfer wohnte in dieser Zeit bei mir, mein Mentor rief regelmäßig an und kam auch zu Gesprächen vorbei. Die im Buch angegebene strenge Einsamkeit habe ich lockerer gehandhabt. Streng dagegen verfuhr ich mit dem regelmäßigen Tagesablauf von Ruhe und Tätigkeitsphasen und den Trinkanweisungen (7 Tage zu 24 Stunden gar nichts, dann viel während 14 Tagen). Weder Hunger noch Durst waren ein wirkliches Problem. Schwierig waren der trockene Mund (den ich nicht ausspülen wollte) und das viele Liegen. Entbehrt habe ich die Natur, da ich keinen Balkon oder Gartensitzplatz hatte. Zu den täglichen Spaziergängen ließ ich mich mit dem Auto fahren und begleiten. Gegen Ende der ersten Wochen fühlte ich mich beim Laufen schwindlig und geschwächt. Ansonsten habe ich die Umstellung physisch ohne nennenswerte Probleme durchgestanden. Sehr hilfreich waren die Gespräche mit dem Mentor, da Fragen auftraten, die in der Anleitung des Buches nicht behandelt wurden.

Ich war erstaunt, wie relativ gut ich ohne Trinken auskam. Darin bestand meine größte Unsicherheit, ob mein Tun doch lebensbedrohlich wäre. Ich hatte mir vorgenommen, bei entsprechenden Anzeichen abzubrechen. Doch ich hatte nicht einmal leichte Nierenschmerzen, die als Anzeichen für Trinkmangel gelten.

Von den vielen Veränderungen und Besonderheiten, die ich erfuhr, erschienen mir vier besonders markant.
– Ich wachte jeweils um 4 Uhr morgens auf und war ausgeschlafen. Fortan hatte ich durchgehend viel weniger Schlafbedürfnis.
– Ich konnte spürbar länger konzentriert arbeiten.
– Als mein Helfer für sich kochte, entschuldigte er sich für die Gerüche. Ich jedoch sog sie begierig auf ohne das Bedürfnis zu essen. Im Gegenteil, die Vorstellung, davon zu kosten, erzeugte mir Unwohlsein.
– Meine starken Krampfadern, die mir ein halbes Jahr zuvor eine Arbeitsunfähigkeit beschert hatten, verschwanden vollständig.

Als ich meine Arbeit in der Schule wieder aufnahm, blieb meine Veränderung nicht unbemerkt. Schließlich hatte ich fast zehn Kilo abgenommen und sah im Gesicht schmal aus. In meiner Klasse (9. Schuljahr) sickerte der Grund dafür durch, und es kam der Wunsch nach einem Gespräch auf, das ich dann für die Interessierten einrichtete (außer einer, die das Thema schon kannte, kamen alle). Die Hauptanliegen der Schüler waren: Ist Lichtnahrung wirklich möglich? Wie geht das? Warum machen Sie das? Die Reaktionen waren sehr unterschiedlich. Unglaube (kann nicht sein), Unsicherheit (kann eigentlich nicht sein, aber er wird uns schon nicht anlügen), Akzeptanz (spannend, finde ich gut, dass er das macht), Ablehnung (es wird schon stimmen, aber wie kann er das nur tun). Auch einzelne Kollegen machten Bemerkungen (Wie kann man nur unterrichten und dabei nichts essen?), initiierten aber nie ein Gespräch.

Zunächst war es eine kleine Sensation in der Schule. Ich wurde von vielen Schülern angesprochen. Das war nicht immer angenehm, brachte aber auch humorvolle Episoden. So wollte man mir zum Geburtstag Gutscheine für ein Solarium schenken oder lud mich zum Essen ein mit der Frage, ob ich lieber 40 oder 60 Watt »esse«. Ich wurde aber auch besonders unter die Lupe genommen und mein Tun kritisch beobachtet. Alle meine Handlungen und Äußerungen wurden durch die Brille betrachtet: So handelt, so redet also einer, der nichts mehr isst. Eine Reaktion von mir, die den Schülern nicht passte, wurde schnell damit abgetan, dass ich wieder schlecht gelaunt sei – kein Wunder, wenn man nichts isst ... Ich für meinen Teil habe mich nicht launischer erlebt als früher. Wie dem auch sei, der Grund für mein Verhalten wurde immer mit der Ernährung in Zusammenhang gebracht, ohne andere mögliche Ursachen in Betracht zu ziehen.

Nach einiger Zeit verblasste das Besondere, man hatte sich daran gewöhnt. Die Reaktionen auf meine Ernährungsumstellung waren manchmal schwer zu ertragen gewesen, aber insgesamt habe ich mich immer sehr wohl gefühlt. Meine Erwartungen wurden erfüllt, manchmal sogar übertroffen. So fand ich es anfangs fast schwierig, mit der vielen Zeit umzugehen, die ich nun hatte (im Singlehaushalt ist die Zeitersparnis besonders groß, durch den vollständigen Wegfall von Einkaufen, Kochen, Abwaschen. Schwierig war der Umgang mit dem Essen als gesellschaftlichem Ereignis. Die Oma freut sich, für den Enkel Kuchen zu backen, Freunde laden zum Essen ein. Die Enttäuschung war groß, wenn ich nichts aß. Dann musste ich erklären, begründen, manchmal sogar rechtfertigen. Das war nicht angenehm, und manchmal habe ich «aus Anstand» und um Schwierigkeiten aus dem Weg zu gehen, mitgegessen. Das Essen erzeugte bei mir zunächst einen Widerwillen, später konnte ich es dann aber auch genießen. Ich habe also ab und an Nahrung zu mir genommen. Dabei war das unregelmäßige In-Schwung-Bringen des Verdauungsapparates unbehaglich, und ich war froh, wenn alles wieder im Lot war.

Nach dem 21-Tage-Prozess hatte sich mein Gewicht auf siebzig Kilo eingependelt. Etwa vier Monate nach der Ernährungsumstellung nahm ich plötzlich ohne ersichtlichen Grund weiter ab. Dabei verlor ich weder an Kraft, noch fühlte ich mich unwohl. Ich habe mich dann beraten und regelmäßig ein wenig gegessen. So konnte ich mein Gewicht halten. Sobald ich aber wieder gar nichts aß, schwand das Gewicht erneut. Diesem merkwürdigen Phänomen bin ich dann nicht mehr weiter nachgegangen, da ich mich entschieden hatte, für eine bestimmte Zeit wieder normal zu essen. Der Grund dafür war, dass meine damals elfjährige Tochter zu mir zog. Aufgrund ihres Alters und ihrer Konstitution war ich mir nicht sicher genug, wie es auf sie gewirkt hätte, wenn der Vater nur mit ihr am Tisch sitzt und doch nie etwas isst.

Ich bin sehr froh, die Erfahrungen des 21-Tage-Prozesses gemacht zu haben, und möchte die Erlebnisse keinesfalls missen. Ich trauere dem vorherigen Zustand nach. Jetzt, da ich wieder esse, sind auch die erwähnten positiven Veränderungen wieder verschwunden: Ich bin schneller müde, das Schlafbedürfnis ist wieder größer, die Krampfadern sind zurückgekehrt. Nach dem Essen stellt sich häufig ein Unwohlsein ein, da ich den Körper als belastet erlebe. Ich schaffe es allerdings auch nicht mehr, nichts zu essen, etwa wenn meine Tochter auf Klassenfahrt ist oder bei Freunden. Trotz allem war es aber auch keine große Überwindung, an den

Mahlzeiten wieder essend teilzunehmen, denn ich weiß: »Eines Tages gehen die Kinder aus dem Haus ...!«

Benno Walbeck

Erfahrungsbericht von Sonja Hartmann

Ich lebe als Mutter von vier Kindern in einem kleinen Dorf angrenzend zur Innerschweiz. Neben dem Haushalt und einer beruflichen Tätigkeit in der Gesundheitsvorsorge ließ ich mich im berufsbegleitenden Studium der Waldorfpädagogik zur Klassenlehrerin ausbilden.

Auf das Phänomen der »Lichtnahrung« stiess ich während des Studiums im Verlauf des fünften Semesters. Bereits in der Woche darauf hielt ich das Buch dazu in eigenen Händen. Den Wunsch, den Prozess persönlich zu erfahren, hegte ich bereits während des Lesens. Mir war jedoch bewusst, dass ich die Kraft dazu nicht von irgendwo erhalten konnte. Also vertraute ich den geistigen Kräften, dass sich der richtige Zeitpunkt dafür von allein finden würde.

Ein dreiviertel Jahr später bemerkte ich am kleinen Zeh des rechten Fußes ein Gefühl der Unempfindlichkeit. Zweieinhalb Wochen später lag ich mit der Diagnose einer Wucherung am Rückenmark im Krankenhaus. Wasserlassen und Stuhlgang waren für mich kaum mehr kontrollierbar. Beim Gehen benutzte ich Krücken. Eine Operation mit einem 80%-igen Risiko der Querschnittlähmung wies ich von mir; Chemobestrahlung kam für mich ebenso wenig in Frage. Ich wollte nur noch nach Hause.

Bereits im Krankenhaus verspürte ich ein unaufhaltsames Verlangen, einem Menschen zu begegnen, der am eigenen Leib mit dem Lichtnahrungsprozess vertraut war. Während des Gesprächs mit einem solchen Menschen hatte ich das eindringliche Gefühl, bereits in dem Prozess zu stehen. Daraus entstand dieses Tagebuch.

1. Tag, 1 Uhr
Das Essen, das ich am Tag zuvor um 20 Uhr 30 zu mir nahm, belastet meinen Körper, speziell die Beine so sehr, dass auch dies wiederum eine Bestätigung dafür ist, mich für etwas ganz Neues zu öffnen.

3. Tag, 1 Uhr
Bin mit trockenem Gaumen und etwas unstabilem Kreislauf aus dem Schlaf aufgeschreckt. Konnte Wasser lösen, Stuhlgang jedoch

habe ich seit der ersten Nacht nicht mehr. Das Schreiben wird für mich wichtig. Vor ein paar Stunden bin ich an den Krücken vor das Haus an die frische Luft gegangen. Ich bitte Gott, mir ein Zeichen dafür zu geben, dass ich mich mit dem 21-Tage-Prozess auf dem richtigen Weg befinde. Es gibt immer wiederkehrende Momente, in denen ich mir wünsche, am liebsten von Gott persönlich einen Zuspruch für diese Zeit zu empfangen. »Lieber Gott, lieber Gott, vergiss mich nicht!«

11 Uhr
Nach einem Bad mit einer Extramischung von Bioessig, saurem Most und Meersalz erhielt ich von meiner Mutter, die es überaus fürsorglich versteht, Menschen in einer behutsamen Weise zu umsorgen, warme Wickel aus Zinnkraut am Rücken. Damit wird dem Tumor hoffentlich kräftig eingeheizt.

13 Uhr
Vom Fenster sehe ich zum Himmel hoch und betrachte die Wolken, wie sie sich in ihrer Form verändern. Manchmal glaube ich dabei Engel zu erkennen. Seit diesem Tag beginne ich den Mund mit Eiskugeln zu befeuchten. Das tut sehr gut.

16 Uhr
Bin ganz neidisch auf meine jüngste Tochter Jessica Irina, wie sie auf meinem Schoß ihre Zwischenmahlzeit erhält: eine randvolle Flasche warme Milch mit Schokoladenpulver.

22 Uhr
Mit den Krücken als Stütze und in Begleitung meiner Mutter spaziere ich eine Stunde durch das Dorf. Mein Hund begleitet uns. Ich genieße die Nachtluft.

4. Tag, 3 Uhr
Ich erwache wie auf Kommando, als wenn mir verboten wäre weiterzuschlafen. Dies erging mir ebenso in den Nächten zuvor. Ich gehe in die Küche, um mir den Mund mit Eiswürfeln zu spülen. Ich genieße die erfrischende Kälte im Mund und achte immer gut darauf, kein Eiswasser zu schlucken. Das Schreiben fällt mir schwerer, und ich stehe wackelig auf den Beinen. Der Körper muss bereits einige Kilo verloren haben. Ich bin dünn. Das Vertrauen zu Gott will ich nicht verlieren. Ich will daran glauben, dass ich zumindest während dieses 21-Tage-Prozesses nicht sterben werde.

5. Tag, 1 Uhr
Nach zwei Stunden Schlaf bin ich aufgewacht. Ich bin mir ganz und gar im Klaren, nicht einen überaus attraktiven Eindruck zu machen. Doch, das ist mir jetzt egal! Ich bin überrascht, wie wunderbar erfrischend und kühlend ganz gewöhnliche, geschmacklose Eiswürfel sein können. Mein Kreislauf ist sehr unstabil. Der Rückweg zum Bett darf jetzt nicht zu weit weg sein.

2 Uhr
Obschon davon abgeraten wird, während dieser Tage kalt zu duschen, wagte ich es. Es zeigte sich, dass ich das Richtige getan hatte, da mein Körper kaltes Wasser von jeher gewohnt ist.
  Ich vermag mich an diesem fünften Tag nur sehr schwer zu bewegen. Ich leide an Ohrensausen, Kreislaufbeschwerden und an einem Ziehen im Rücken. Dazu kam die unerwartete Menstruationsblutung. Mit Hilfe meines Lebenspartners lege ich mich am Nachmittag an die Wärme unter den großen Kirschbaum hinter dem Haus, um mich in der Natur zu erholen. Gegen Abend nehme ich ein warmes Bad.

6. Tag, 1 Uhr
Wie eine nach Wasser schreiende, halb vertrocknete Blume lege ich mich für geraume Zeit in das warme Badewasser. Danach dusche ich den Körper kalt ab. Das tut sehr gut. Darauf spüle ich den Mund mit Zitronenwasser. Ein ganz frisches Aroma meldet sich im Kopf.

5 Uhr
Nach dem Aufwachen spüle ich abwechslungsweise den Mund mit Wasser, Zitronenwasser und Eiskugeln. Die Vorfreude auf den großen Tag morgen ist sehr groß. Und, ich lebe noch!

13 Uhr
Mich zu bewegen fällt mir sehr schwer. Umso dankbarer bin ich für die Hilfe meines Lebensgefährten. Der Durst meldet sich immer fordernder. Tiefe Augenhöhlen, eingefallene Wangen und ein ausgemergelter Körper, Kreislaufstörungen, ein schmerzvolles Ziehen im Rücken, unregelmäßige Menstruation, Ohrensausen und ein Puls im Liegen von 64, im Stehen hochschnellend auf 88.

7. Tag, 00 Uhr
Ich höre auf meine innere Stimme, die sagt: »Trink!« Bis zum achten Tag stündlich einen Deziliter, sollte ich zwischendurch nicht ein-

schlafen. Also trinke ich teelöffelweise um 1 Uhr 15 bei Kerzenlicht ganz feierlich im Beisein meines Lebenspartners den ersten Fruchtsaft. Es tut sehr, sehr gut! Bei jedem einzelnen Tropfen spüre ich im Mund den intensiven Geschmack von Orange. Ich bin glücklich.

11 Uhr
Stündlich nehme ich einen Deziliter Fruchtsaft immer noch schlückchenweise ganz langsam zu mir. Bis Mitternacht möchte ich den Körper in dieser achtsamen Art und Weise wieder auf das »normale« Trinken bringen. Oft danke ich Gott für seine Fürsorge, die ich während dieser vielen Tage erfahren durfte.

8. Tag, 8 Uhr 30
Bisher habe ich an diesem Tag bereits einen Liter Flüssigkeit zu mir genommen. Vom Kreislauf her fühle ich mich kräftiger. Das rechte Bein fühlt sich sehr schwer an, begleitet von einer starken Spannung im unteren Wadenbereich. Ich danke Gott für seinen Schutz, den ich fühle.

18 Uhr
Nach erneutem tiefem Schlaf, diesmal ohne Erinnerung an einen Traum, hole ich mir, um allmählich wieder zu Kräften zu kommen, einen Fruchtsaft ans Bett.

9. Tag
Zu den Essenszeiten setze ich mich mit den anderen Familienmitgliedern an den Tisch. Pro Tag trinke ich fünf Liter Fruchtsaft. Es macht mir ganz einfach Spass. Hin und wieder lege ich Wickel an oder ich lege mich zur Entspannung in die Badewanne.

22–23 Uhr
Der nächtliche Spaziergang im Grünen mit meiner Mutter und meinem zweitjüngsten Kind, in Begleitung des Hundes, ist sehr schön.

10. Tag, 18 Uhr
Ich bin mir im Klaren darüber, dass ich viel mehr unternehme als im Buch vorgeschrieben ist. Ich erledige Anrufe, besuche den Hausarzt, besorge sämtliche Akten vom Kantonsspital, um eine Überweisung in die Uniklinik in Zürich zu erlangen. Mental fühle ich mich durch viel zu vieles belastet, viel mehr, als ich es sein sollte. Meine Mutter hilft mir, so gut sie kann.

12. Tag
Am Mittag sitze ich bei 6 Deziliter Mineralwasser und 2,5 Deziliter Orangensaft mit meiner Familie lange Zeit in unserer geliebten Gartenwirtschaft. Von den Fruchtgetränken mag ich Orangensaft am liebsten. Am Abend plagen mich Zweifel, ob der Prozess bei meinem sehr dünn gewordenen Körper für mich noch gut ist. Ich schlafe frühzeitig ein und schlafe bis zum nächsten Morgen durch.

13. Tag, 8 Uhr
Ich fühle mich leicht, auch das Bein spüre ich nicht mehr in derselben Schwere wie in den Tagen zuvor. Doch im rechten Fuß an der zweiten und dritten Zehe durchfährt es mich immer wieder von neuem wie von tausend Nadelstichen.

11 Uhr 30
Um den Körper zu entgiften, bade ich wie zuvor alle zwei Tage mit einer Mischung aus Salz, Essig und Most. Mein Körper ist sehr, sehr dünn. Da wir im Haus über keine Körperwaage verfügen, weiß ich nicht genau, wie sich mein Gewicht während dem bisherigen Prozess verändert hat. Sollte ich dies bedauern? Oder hätte ich dann vielleicht den Mut verloren, den Prozess weiterzuführen?

14. Tag, 8 Uhr
Wirre Träume plagen mich. Auch vom Essen träume ich. Der Stuhlgang ist gering. Es ist ein sehr schöner Tag. Ich schlafe viel und trinke viel. Nach etlichen Tagen will ich heute versuchen, das Mittagessen für die Familie zu kochen. Es macht Spass. Natürlich, ohne davon auch nur den kleinsten Krümel zu probieren! Gegen Abend folgt wie die Tage zuvor ein warmes Bad.

21 Uhr 30
Vor dem Schlafengehen folgt in Begleitung meines Lebenspartners der nächtliche Spaziergang. Mein Körper fühlt sich leicht an, mit nur noch wenig Beschwerden.

15. Tag, 00 Uhr
Ich liege wach im Bett. Immer tiefer wird mir bewusst, wie grundlegend wichtig es ist, den gegenwärtigen Augenblick zu leben. Ab jetzt ist es erlaubt, 40%-igen Fruchtsaft zu trinken. Die körperlichen Kräfte nehmen zu. Es bereitet mir viel Spass, für die Familie

das Essen zu kochen. Was mir etwas Sorge bereitet, ist, dass ich immer noch sehr dünn bin.

16. Tag
Von der Uniklinik in Zürich erhalte ich einen Untersuchungstermin am 9. September. Bravo! Falls ich bis dahin noch lebe. Den ganzen Tag bin ich voller Kraft in mir. Ich koche und backe Kuchen.

18. Tag, 19 Uhr
Klaus bringt eine Körperwaage mit. Er will sicher sein, dass mein Körpergewicht sich wie nach Buch verhält und somit konstant bleibt. Sie zeigt 50,2 Kilo an.

19. Tag, 7 Uhr
Die Waage zeigt 49,6 Kilo. An diesem Tage zeigen sich die ersten sichtbaren Erfolge. Ich kann wieder auf den Zehenspitzen stehen! Nach drei Wochen bin ich das erste Mal wieder den ganzen Tag ohne Krücken unterwegs!

22 Uhr 30
Nach dem Bad steige ich wie immer mit warmen Wickeln unter die Decke. Das Körpergewicht beträgt 50,9 Kilo.

20. Tag
Mit Kopfschmerzen steige ich aus dem Bett. Vielleicht liegt es an den verschiedenen Fruchtsäften, die ich getrunken habe.

21. Tag, 4 Uhr
Mit warmen Wickeln auf Bauch und Rücken sehe ich vom Bett aus durch das Fenster dem Spiel des Gewitters zu. Früher hatte ich Angst vor Blitz und Donner. Doch jetzt verspüre ich eine solche Geborgenheit und einen solchen Schutz, dass nichts in der Welt sinnlos sein kann. Ich genieße den Augenblick.

22 Uhr
Ein warmes Bad, warme Wickel, warmer Tee im Bett. Die Waage zeigt 50,4 Kilo. Also, wie im Buch beschrieben.

22. Tag, 5 Uhr 30
Die drei Wochen sind vorbei. In dieser Hinsicht bin ich nun mit der weiteren Nahrungsaufnahme frei. Ich koche und backe Kuchen. Mein Körpergewicht beträgt jetzt 49,6 Kilo.

Im Sommer 2004, das heißt zwölf Monate nach dem ersten Mal, durchlebte ich den Prozess noch einmal, im Vergleich zum ersten Mal nun mit großer Freude und Unbeschwertheit. Meine Hülle und mein Ich haben sich nie wohler gefühlt! Dass der Tumor noch in kleinem Maße gegenwärtig ist, fühle ich. Den nächsten Schritt – ein erneutes Aussetzen der normalen Ernährung – plane ich auf Frühling 2005.

Sonja Hartmann

Erfahrungsbericht von Angela-Sofia Bischof

Jemand hatte mich auf den Artikel im *Goetheanum* aufmerksam gemacht, ich selbst hatte ihn nicht beachtet. Beim ersten Lesen wusste ich: Das ist für mich geschrieben! Nach der nötigen Abklärung mit der Familie war der Entschluss gefasst. Der einzige Zeitraum, der dafür in Frage kam, begann in zwei Tagen, und in fünf Wochen musste das Ganze abgeschlossen sein.

Am Montag, dem 19. August 2002, sollte der Prozess beginnen. Mein Mann war bereit, mir die nötige Unterstützung und Ruhe zu gewähren. So begann ich meine Fastenzeit mit viel Freude und Begeisterung im eigenen Lebensumfeld.

Es war eine sehr schöne Zeit. Bei strahlendem Hochsommerwetter konnte ich viel im Garten unter unserem wunderbar duftenden Apfelbaum liegen und die Vögel, den Himmel, die Sonne und was so alles zu beobachten war genießen. Hunger bekam ich nicht: Da ich keine Flüssigkeit zu mir nahm, hatte der Körper offenbar das Signal verstanden und war's zufrieden. Der wunderbare Duft der Äpfel lehrte mich bald, dass man zur Kommunikation mit der Umwelt nicht unbedingt in den Apfel hineinbeißen muss, wie man auch einen Menschen nicht anbeißen muss, wenn man ihn liebt. Der Duft, das Berühren, die Freude an den Geschenken der Natur kann auch ernährend sein.

Natürlich fand ein Abbau statt, aber der hing nicht mit dem Kalorien-, sondern vor allem mit dem Flüssigkeitsmangel zusammen (Trockenheit in den Augen sollte man durch gute Augentropfen abhelfen, damit sie nicht Schaden nehmen). Im Lauf der ersten Woche wird man natürlich schwach. Ich nahm acht Kilo ab – das baut sich nicht von heute auf morgen wieder auf. Aber da ich liegen konnte und baden, so oft ich wollte, war das Äußere zwar eine Herausforderung, aber kein Problem. Auch waren die Einblicke in die andere Seite des Daseins so intensiv, dass das Physische mehr zurücktrat.

Die Nächte genoss ich als besonders intimen Innenraum: Ganz für mich allein konnte ich mich den persönlichen Angelegenheiten und Aufgaben, dem eigenen inneren Lebensweg widmen. Ich brauchte wenig Schlaf. Der Rest der Nacht stand mir zur freien Verfügung. Noch heute brauche ich wesentlich weniger Schlaf als vor dem Prozess und kann die so gewonnene Zeit für die innere Hygiene verwenden. So stehe ich am nächsten Tag besser auf meinen Beinen und in der Umwelt, als wenn ich die ganze Nacht »verschlafen« würde.

Am anstrengendsten ist natürlich die erste Woche, in der man ohne Flüssigkeit lebt. Man kommt dem Tod sehr nahe – aber man erhält in dieser Zeit auch die wertvollsten Gaben. So nahe an der Grenze fällt einem so manches Geschenk von der anderen Seite »über den Zaun« zu. Das darf man dann mitnehmen und, wenn man wieder unter den Menschen ist, gebrauchen.

Von dieser ersten Woche und ihren Geschenken will ich zunächst erzählen.

An den ersten zwei Tagen hatte ich noch einigen Stress, Dinge, die nicht bis nachher warten konnten. Gegen Abend des zweiten Tages hatte ich endlich Ruhe, um die eigene Seele in Ordnung zu bringen. Der dritte Tag war Ruhe und Abwarten. Erst am vierten Tag beginnt das Wesentliche und – für mich jedenfalls – das Wertvollste, nämlich die drei Tage, an denen man »umgearbeitet« wird. Man hat sich dafür dreimal zwei Stunden am Tag zur Verfügung zu stellen. Das bedeutete für mich nicht etwa Schlafen und Geschehenlassen, sondern absolut konzentrierte Wachheit und bewusstes Verfolgen dessen, was geschieht.

Es war vor allem ein hohes Wesen von großer Lichtkraft und Liebe, das mit anderen Helfern zu mir kam und mit eifriger Hingabe an mir arbeitete. Ich gewann ihn sehr lieb, und als er einige Male bei mir gewesen war, fragte ich ihn, ob er mein Freund werden wolle. Er willigte ein und es war jubelnde Freude für uns beide! Ich fragte ihn nach seinem Namen. Es ist nicht leicht, so ein geistiges Wort, das kein Begriff, sondern nur Klang ist, Menschenohren-gemäß zu erfassen. Ich verstand es als Alix oder Arix, wusste aber, dass das nicht ganz entsprach. So fragte ich beim nächsten Besuch wieder. Als ich es wieder nicht genau erfassen konnte, fragte ich, ob er mit »Igor« einverstanden sei. Und er war es. Seither ist Igor mein Freund.

Neben den Zeiten, in denen Igor an mir arbeitete, war er nun auch sonst viel bei mir. Er zeigte mir, wofür er in unserer Erdenwelt zuständig ist. Das sind alle Arten von Lichterscheinungen in der Natur, besonders schöne sonnenbeschienene Wolkengebilde, Sonnenauf- oder -untergänge, Regenbogen usw. Das alles erzeugen geistige Wesen in unserer Welt, aber sehen, wie wir es sehen, können sie es nur, wenn wir diese Schönheiten bewusst und mit seelischer Anteilnahme erleben und sie möglichst auch bewusst daran Anteil nehmen lassen. So zeigten wir uns gegenseitig seine Werke.

Als ich eines Morgens nach einer unguten Diskussion unter meinem Apfelbaum lag, tröstete mich Igor. Er zeigte mir die Tautropfen auf eine ganz besondere Art: Wenn ich ins Gras sah, waren alle Tautropfen blau. Bewegte ich dann den Kopf nur ein ganz klein wenig, waren sie alle grün oder rot oder orange – immer war das Gras mit lauter gleichfarbigen Perlen geschmückt. So hatte ich den Tau noch nie gesehen, und nun kann ich das. Als ein andermal ein starker, heftiger Regenguss kam und gleichzeitig die Sonne schien, zeigte mir Igor lange glänzende Regentropfen, die wie flüssiges Gold zur Erde fielen. Das sind Bilder, die man nie mehr vergisst.

So kam ich kaum dazu, mich mit körperlichen Mangelerscheinungen zu befassen. Es gibt so viel Schönes, das man nur nicht beachtet, wenn man seinem normalen Trott folgt. Dieser Prozess der Todesnähe befreite mich vom normalen Alltagstrott und weckte mich auf. So verging der vierte, fünfte und sechste Tag.

Es war allerdings anstrengend, diese drei festen Zeiten der »Umarbeitung« mit der entsprechenden Wachheit durchzuhalten. Was vom Tag dann noch übrig blieb, genügte kaum für Bad, Lesen und was man sonst noch tun will, um die Kontinuität seines persönlichen Lebens beizubehalten und sich auszuruhen. In meinem Fall kamen noch familiäre Entscheidungen dazu, die durchdiskutiert werden mussten.

Am siebten Tag lebt man vor allem auf das erste Glas Flüssigkeit hin. Ich hatte mir Preiselbeersaft, natürlich verdünnt, gewählt. Nicht sehr geeignet, aber vom Charakter der Preiselbeere her doch wieder sehr schön und wertvoll. Der erste Schluck nach sieben Tagen absoluten Fastens war ein gründlich vorbereiteter »heiliger« Vorgang. In den folgenden zwei Wochen trank ich vor allem frisch gepressten Apfelsaft von meinem Baum, mit Wasser verdünnt.

Nach der ersten Woche begann ich voller Freude und Zuversicht den weiteren Weg, der dem Wiederaufbau und der Gewöhnung gewidmet ist. Doch der Aufbau wollte nicht beginnen. Ich nahm an Gewicht zwar zu, aber dann wieder ab. Die Kraft kam nicht, und mir wurde schwindlig. Erst versuchte ich, mit etwas Gemüsebrühe dem Körper Salz zu geben, aber ich kam nicht zu Kräften und wurde nervös. Ich nahm mit Michael Werner Kontakt auf, um von seiner Erfahrung zu profitieren. Aber die Erfahrungen auf diesem Weg sind so individuell, dass seine Hilfe mir zwar Sicherheit und Ruhe gab, mein Organismus aber weiterhin auf seine Art reagierte. Der Ernährungsfluss strömte zwar in mich ein, aber zu schwach. Nach fünf Wochen kapitulierte ich und begann wieder normal zu essen, mit dem festen Entschluss: Ich werde diesen Prozess noch einmal machen, aber dann in Klausur.

Gesagt, getan. Vier Monate später, am 17. November 2002, war es so weit. Ich hatte eine Wohnung im 17. Stock eines Hochhauses am Vierwaldstädtersee zur Verfügung. Geradezu ideal für mein Vorhaben. Sogar die hauseigene Sauna durfte ich benutzen, so oft ich wollte. Glücklicher konnten die Umstände nicht sein.

Diesmal war ich viel aktiver. Eine gewisse Ängstlichkeit, die beim ersten Mal fast unumgänglich ist, fiel weg. Ich war sicher: Jetzt wird es gelingen! Ich brauchte meine Kräfte, solange ich sie hatte und darüber hinaus. Jeden Tag war ich unterwegs: Ich spazierte am See, ging einkaufen oder fuhr mit dem Auto in die Umgebung. Die Sauna benutzte ich in sanfter Wärme fast täglich. Ganz allein, kaum mit anderen Menschen sprechend, war ich dem Prozess hingegeben.

Auch diesmal hielt ich mich vom vierten Tag an an die Ruhezeiten. Aber es war deutlich: Der Umgestaltungsprozess war beim ersten Mal geschehen. So sass Igor meist nur an meinem Bett und beschenkte mich mit seiner Nähe. Alles war nun deutlich anstrengender als beim ersten Mal. Vielleicht hatte ich mich mit Sauna und Aktivitäten zu stark verausgabt. Ich trocknete viel mehr aus, meine Augen litten mehr und brauchten danach auch länger, um wieder die alte Frische aufzubauen.

Am letzten Tag der ersten Woche war Sonnenschein und starker Föhn. Ich hatte große Sehnsucht nach Wasser und fuhr zum See, fand aber kaum eine Stelle, wo ich das Wasser «anfassen», mich kühlen konnte. Der Föhn erschöpfte mich sehr, und ich musste immer wieder Ruhepausen einlegen. Besonders auf dem Rückweg, wo er mir entgegenblies und meinen ausgetrockneten Augen zusetzte. Endlich im Auto und auf dem Heimweg wusste ich plötzlich nicht mehr, ob ich auf dem rechten Weg war. An einer Tankstelle fragte ich einen Mann, der dort tankte. Er sah mich an und erschrak sichtlich – ich sah wirklich sterbend aus. Er holte seine Strassenkarte, erklärte mir den Weg – und beim Abschied sagte er zu mir: Gottes Segen! Die Worte dieses Mannes berührten mich tief in meiner Seele. Wie heilender Balsam flossen sie in mich und gaben mir Wärme, Trost und Kraft. Die Liebe eines Menschenbruders hatte mich berührt. Beim Weiterfahren kamen mir Tränen.

Das also war die erste, schwere Woche meines zweiten Versuchs, mein Leben umzustellen auf eine Nahrung, die über die Seele aufgenommen wird. Wieder folgte der heilige Akt des ersten Trankes. Der Leib nahm die Flüssigkeit auf und ich nahm an Gewicht zu. Aber bald musste ich erleben und lernen zu akzeptieren, dass mein Leib nicht weiterwollte. Die 21 Tage waren fast vorbei und wieder wurde ich nervös, das Gewicht ging zurück. Natürlich war ich traurig und ratlos. Da beschloss ich, mir von der »anderen Seite« Rat und Antwort zu erbitten. Ich wurde nicht im Stich gelassen: Der Prozess, den ich zwei Mal – erfolglos – durchzumachen hatte, gab mir die Gelegenheit, selbst zu durchleben, was ich in lang vergangenen Zeiten an anderen Menschen verschuldet hatte. Eine alte karmische Schuld, von der ich schon wusste. Ohne Nahrung zu leben ist nicht meine Aufgabe, sondern der bewusste Umgang mit ihr. So war die Antwort, eindeutig und klar.

Und was ist mir nun geblieben außer der – allerdings überaus wertvollen – Erfahrung? Das Wichtigste ist für mich die Freundschaft mit Igor. Sie leuchtet immer wieder durch die verschiedensten Schönheiten in der Umwelt auf und ist mir im Grundselbstverständnis meiner Seele stets gegenwärtig. Ein Weiteres ist neben dem bereits erwähnten Gewinn an »freier Zeit« durch weniger Schlaf ein wesentlich bewussteres Verhältnis zur Nahrung und den Geschenken der Natur – immer wissend, dass es eigentlich nicht nötig wäre, diese Dinge in sich hineinzunehmen, sondern dass auch die liebevolle Wahrnehmung, wenn man es geübt und gelernt hat, unseren Leib ernähren kann. Die Ehrfurcht, der Ernst und die Dankbarkeit werden gleichsam zum Flussbett, in dem ihre Kraft in unseren Leib einströmt.

Der oben geschilderte Weg und die dabei gewonnenen Erfahrungen sind eingebettet und »geerdet« in einer Biografie, die ganz normal verlief. Ich bin seit 43 Jahren verheiratet, hatte vier Kinder und immer genügend Freiraum für meinen inneren Weg. Zu Beginn des ersten Prozesses war ich 61 Jahre alt und kerngesund.

Angela-Sofia Bischof

Erfahrungsbericht von Günther Becker

Ich bin 1926 geboren, Vater von zwei erwachsenen Söhnen, meine Ehefrau ist 1986 verstorben. Über dreißig Jahre war ich als Elektroingenieur auf dem Gebiet der elektronischen Steuer- und Regeltechnik tätig. Seit 1988 bin ich pensioniert und seit 1994 wohnhaft in einem Bauernhaus mit rund einem Hektar Land mit Obstbäumen, zuerst zusammen mit einem meiner Söhne, seit einigen Jahren allein, also »ungestört« ganz im positiven Sinne. Ich betreibe Sport, Skilanglauf – 2005 nahm ich zum sechzehnten Mal am Engadiner Ski-Marathon teil – und Speerwerfen.

Es war im August 2002, ich war gerade stark mit der Obsternte beschäftigt, als ich plötzlich genug hatte von all dem Nahrungsmittel-Beschaffen, Kochen und den damit verbundenen Arbeiten. Da stieß ich auf den soeben erschienenen Artikel »Der Mensch lebt nicht vom Brot allein« von Michael Werner. Als ich die ersten Sätze gelesen hatte, da wusste ich: »Lichtnahrung, das ist es!« Ich las den Aufsatz mehrmals mit zunehmender Begeisterung und mein Entschluss stand fest: »Das probiere ich auch!« Sofort besorgte ich mir das Buch »Lichtnahrung« von Jasmuheen, vertiefte mich in die Anweisungen zum 21-Tage-Prozess und begann einige Wochen später mit der praktischen Ausführung. »Ungestört«, wie ich war, konnte ich den Prozess zu Hause durchführen.

Wie war es gekommen, dass ich zu so einem raschen Entschluss fand? Im Rückblick auf mein bisheriges Leben führe ich das auf zwei ganz persönliche Erfahrungen und Entwicklungen zurück: Erstens die immer wieder auftretende Beschäftigung mit den verschiedensten Ernährungsformen und zweitens das Streben danach, das Gute in mir besser zur Wirkung bringen zu können.

Zu den genannten Punkten in Kürze nur einige Stichworte: Ab 1950 wählten meine Eltern und ich eine vegetarische Ernährung (Waerlandmethode, lakto-vegetabile Kostform), die ich seit meiner Heirat 1960 mit meiner Frau weiterführte. In den späten sechziger Jahren wählten wir aus Rücksicht auf die sozialen Beziehungen unserer Kinder eine abgeänderte Kost mit mehr Gekochtem. Anfang der neunziger Jahre ernährte ich mich längere Zeit von reiner Rohkost, um eine chronische Kieferhöhlenentzündung besser ausheilen zu können. Erst eine Wasserbelebung nach Johann Grander 1993 brachte Heilung, wodurch mir die Bedeutung der Wasserqualität bewusst wurde. Bis 2002 ernährte ich mich von gekochter Nahrung mit Anlehnung an die anthroposophisch orientierte Getreideküche im Rhythmus der Wochentage. Was die Arbeit auf der Bewusstseinsebene betrifft, befasste ich mich in den sechziger und siebziger Jahren mit Yoga, Körper- und Atemübungen, um an Seelenruhe zu gewinnen und dadurch besser denken zu können. Seit 1976 befasste ich mich mit Anthroposophie sowie einer allgemeinen Menschenkunde durch regelmäßigen Besuch der Vorträge von Berthold Wulf.

Schon als junger Mensch hielt ich Lichtnahrung durchaus für möglich und war beeindruckt von den Beispielen des Nikolaus von

Flüe, der Therese von Konnersreuth und den Berichten über Mönche und Einsiedler mit äußerst karger Nahrung. Später lernte ich weitere interessante Beispiele aus dem indischen Raum kennen. In dem Werk »Unerhörtes aus der Medizin« von Jürg Reinhard und Adolf Baumann fand ich Hinweise auf eine Ernährung mittels der Atmung und der Sinnesorgane. All dies bereitete im Laufe der Zeit den Boden dafür vor, dass ich im August 2002 schlagartig den Entschluss fassen konnte, mich der Lichtnahrung zuzuwenden.

Der 21-Tage-Prozess verlief bei mir ohne ernste Vorkommnisse. In den ersten Tagen war das Auffallendste die Veränderung in der Mundhöhle. Es entstand darin ein wahres Feuer, nicht nur das Gefühl der Hitze, sondern auch das Aussehen; es war alles feuerrot. Ich verglich es mit Abbildungen in einem Gesundheitslexikon und konnte mich beruhigen, dass es nicht nach Scharlach aussah. Mit Eisstückchen kühlte ich die Zunge und die Mundschleimhaut ab und spuckte das Wasser dann aus, um entsprechend den Angaben zum 21-Tage-Prozess keinerlei Flüssigkeit aufzunehmen. Während der 21 Tage fühlte ich mich durchwegs schwach, aber ich konnte mich gut schonen.

In den ersten Wochen nach dem 21-Tage-Prozess fühlte ich mich sehr gut. Ich stellte fest, dass ich mit den dünner gewordenen Armen mehr Kraft entwickeln konnte als vorher. Einige Tage lang durchlief mich ein Empfinden, als sei der Körper im Inneren unangreifbar durch Krankheiten, ein Gefühl, als könnte sich nichts darin festsetzen. Nach einigen Wochen war auch das hitzige Empfinden im Mund etwas abgemildert, aber immer noch vorhanden und das Verlangen nach Abkühlung ebenfalls. Von der grundsätzlichen Devise »Trinken ja, Essen nein« ausgehend überlegte ich mir, dass Glace, also Speiseeis nichts anderes ist als gefrorene Flüssigkeit und dass ich also Eis zu mir nehmen konnte. Zuerst achtete ich darauf, solches mit wenig Kalorien zu wählen, denn ich wollte mich ja nicht auf eine listige Art und Weise doch ernähren. Nach längerer Zeit ging ich dann doch zu anderem, besser schmeckendem Glace über, aber doch immer nur in kleinen Mengen. Schließlich kam auch noch etwas Schokolade dazu. Nun bin ich auf der Stufe »Bonbons« angelangt, es ist also nur mehr das Verlangen nach der Zuckersüße übrig geblieben.

Wie sieht es heute aus? Das Verlangen, etwas im Mund zu haben, ist am größten bei nervlicher Beanspruchung, wenn ich etwa bei irgendeiner Tätigkeit in Zeitnot komme, hinterher beim Entspannen und bei Passivität, wenn ich zum Beispiel vor dem Fernseher sitze. Das Gaumenverlangen verschwindet am ehesten durch intensive bis meditative Denktätigkeit, beim Auswendiglernen von Gedichten, wenn das Interesse auf bisher Unbekanntes gelenkt ist, und bei körperlicher Tätigkeit wie Holzspalten oder Speerwerfen.

Auf der Grundlage dieser Feststellungen versuche ich nun, zu reiner Lichtnahrung zu kommen. Es geht darum, den weiteren Fortschritt in Richtung reine Lichtnahrung anzustreben, ohne ihn erzwingen zu wollen, durch ein »Hinauf-Erkennen« und Beeinflussen »von oben her«.

Günther Becker

Erfahrungsbericht von Catherine Zimmermann

Das Ganze begann vor sieben Jahren, als ich mich nach einer großen Enttäuschung und einem kleinen operativen Eingriff mit Vollnarkose ganz allein auf mich selbst zurückgeworfen in meiner Wohnung wiederfand. Heulend rief ich: »Gott, nimm mich mit!« Das erste Mal in meinem Leben hätte ich sterben können und es wäre mir gerade recht gewesen. Doch natürlich wusste ich sehr wohl, dass man so einfach nicht davonkommt und das Leben jetzt erst so richtig anfängt. Ich war fest entschlossen, mein Leben von Grund auf zu ändern.

Sieben Jahren ernährte ich mich nur von Rohkost, von Früchten, rohem Gemüse wie Karotten, Salat, Kräutern, Fenchel usw., Nüssen und Mandeln. $1^1/_2$ Jahre lebte ich ausschließlich von Früchten. Gelegentliche Rückenschmerzen, Blasenentzündungen, Pickel, Nierenweh, Menstruationsbeschwerden und selbst Ansätze von Zellulitis verschwanden ganz.

Intuitiv wusste ich schon immer, dass es möglich sein musste, gar nichts mehr zu essen. Ich besuchte Yogakurse, machte Körperbewusstseinsübungen, später Eurythmie, Kreistanz, Initiationstänze. Wann immer ich viel übte oder mich viel in der freien Natur befand, kam ich mit ganz kleinen Mengen von Essen aus, doch hatte ich nicht den Mut, dem weiter nachzugehen. Weihnachten 2003 hörte ich von der Lichtnahrung und einem Dr. Michael Werner, mit dem ich dann Kontakt aufnahm. Ich kaufte mir das Buch über Lichtnahrung von Jasmuheen. Im Frühjahr 2004 führte ich dann den »Prozess« nach Anleitung des Buches durch.

Ich erinnere mich vor allem daran, dass ich viel Zeit hatte und mich sehr darüber gefreut habe. Es war so still und friedlich! Ich genoss es sehr. Stundenlang konnte ich mich damit befassen, mich zu waschen, Schnee zu kauen und auszuspucken, den Holzofen einzufeuern, die Natur zu betrachten, liebevoll mit mir umzugehen. Nichts müssen, ausruhen, beten, dösen, schlafen, hoffen …

ich war glücklich. Als ich mich einmal mit dem Kopf an der Dachschräge anstieß, war das der Auslöser und ich heulte so richtig, wie schon lange nicht mehr. Alles ging sehr langsam und mühevoll. Manchmal stöhnte ich wie eine alte Frau, und ich hatte auch Kopfweh. Ich stellte mir vor, wie schön es wäre, wenn ich wieder trinken dürfte, und trauerte den feinen Früchten vom Markt nach. Während der ersten Woche war mir meistens sehr heiß. Wenn ich spazieren ging, waren es ganz leichte Schritte; später hörte ich eine Frau über mich sagen, sie hätte »so etwas Leuchtendes den Weg raufgehen sehen«. Manchmal, eher in der zweiten und dritten Woche, spielte ich Flöte, machte Yoga und Eurythmie, las in der Bibel und schrieb Tagebuch, zeichnete, formte Ton. Ich benutzte keinen elektrischen Strom, hatte Kerzenlicht und Duftöllämpchen.

In mein Tagebuch notierte ich am Mittwoch, 10. März 2004, dem 11. Tag des Prozesses: »Wie die Tage schnell vergehen. Heute hab ich wieder ausgeschlafen. Beim Tagesablauf lasse ich mich ganz von meinem ›inneren Führer‹ leiten. Ich war sogar eine Weile auf der Schaukel, die am Baum hängt, und habe die Baumhütte besichtigt. Eingehüllt in meine Wollschichten, gab es warm, mich zu bewegen. Es ist schön, so ruhig zu sein. Selbst wenn ich Arbeiten verrichte, tue ich es ganz in meinem Tempo. Manchmal rede ich zwar laut, doch trotzdem ist es ruhig ... Ich bin froh, die Krokusse und Osterglockenknospen sehen zu dürfen, das Grün und die Sonne. Wer weiß, wie das Wetter sich entwickelt. Eigenartig, die Palmwedel beschneit zu sehen. Ob ich wieder Lust habe, Schnee zu kauen? Zu trinken? Vielleicht gibt mir das Kraft, da es klimaangepasst ist.

Nun ist mir wohlig warm. Das tut gut. Meinen Zustand kann ich so zu beschreiben versuchen: Ich fühle mich in Ruhe gelassen, beschützt, geliebt, respektiert, in Frieden. Meinen Körper fühle ich nur stellenweise, dort wo noch ›Krankheit‹ ist. Etwas im Rachen ... Doch, ich fühle ihn schon, wenn ich mich konzentriere.«

Nach dem 21-Tage-Prozess fiel es mir nicht leicht, wieder in die Stadt zurückzukehren, doch es ging ganz gut. Ich war nun 45 Kilo bei 1,63 Meter Größe. Mit einem schweren Rucksack verließ ich die Hütte, und der erste Mensch, den ich antraf, war der Busfahrer. Ich nahm meine Arbeit wieder auf und blieb noch eine Zeit bei verdünntem Obstsaft, wie während der zweiten und dritten Woche des »Prozesses«. Das ging relativ gut. Eines Morgens wurde ich ohnmächtig und wachte mit einer dicken Beule am Kopf auf. Enttäuscht darüber wechselte ich zu selbst gepressten reinen Obstsäften, und bald ass ich auch wieder Früchte, was mir einfach praktischer und bekömmlicher vorkommt. Den Sommer habe ich »stabil« mit viel Arbeit, großen Mengen von Früchten (frische Feigen, Tomaten, Melonen), Baden im See, und dies alles mit 50 bis 52 Kilo, gut überstanden.

Dass ich manchmal auffalle, etwa in der Kantine oder auf dem Markt, bin ich aus »Rohkostzeiten« gewohnt, und das geht auch schon viel besser. Manchmal mache ich andere neugierig, manchmal sind sie irritiert, einige finden mich unvorsichtig (Mangel an Vitaminen, Protein, Enzymen) oder finden, ich spinne. Meine Eltern und mein Bruder akzeptieren meinen Entschluss bezüglich meiner Ernährungsweise. Natürlich ist es schön, im Kreis mit anderen zu essen, aber man kann ja auch andere Aktivitäten teilen, zusammen wandern, tanzen, musizieren ... Wichtig ist doch, dass alle gesund und zufrieden sind!

Ich habe schnell gemerkt, dass ich auf viele Nahrungsmittel keine Lust mehr habe, ja sogar total auf sie verzichten kann. So bin ich im Moment auf Fruchtkost, denn diese ist für mich die einzige »materielle« Quelle, die vollkommen abgeschlossen und eigenständig ist. Eine einzige, natürlich belassene Frucht ist ein Segen, die Kombination von Nahrung empfinde ich als Störung und Kompromiss.

Licht, alles ist darin enthalten.

Catherine Zimmermann

Erfahrungsbericht von Ingrid Axenbeck

Mein inniger Wunsch und meine Suche nach einer Lebensweise, die Spiritualität und Alltag miteinander verbindet, führte mich im Jahre 1999 dazu, mit dem Lichtnahrungsprozess zu beginnen. Zuvor hatte ich mich immer wieder im Alltagsgeschehen verloren und befand mich in einer schwierigen Lebenssituation. Da ich Lehrerin an einer staatlichen Schule bin, wollte ich den Prozessbeginn in die großen Ferien legen. Ich bat meinen zweiten Sohn, die Versorgung von Haus, Hund und Katzen zu übernehmen, und zog mich am 17. August 1999 nach einem zweitägigen Reinigungsfasten in mein Zimmer zurück, von einer Freundin ausgestattet mit den von Geoffrey King übermittelten Büchern von Saint Germain, darunter die 33 »Ich-bin-Reden«.

Der Prozess selbst lief sehr harmonisch ab und war ein tiefes spirituelles Erlebnis. Bei genauerer Betrachtung war er der Beginn einer großartigen Reise, die noch immer andauert. Ich hatte im Gegensatz zu meiner Umwelt keinerlei Probleme, meine physische Existenz voll Vertrauen in andere Hände zu übergeben. Hinzugekommen ist nun die Möglichkeit, Glaubensmuster und Blockaden zu erkennen und aufzulösen; die »violette Flamme« als großartiges Werkzeug gebrauchen zu dürfen ist ein wunderbares Geschenk der geistigen Welt. Ich bin Dankbarkeit und Liebe. Ich werde immer mehr zu meiner eigenen Göttlichkeit und der Anerkennung des Christus in mir geführt.

Eine »Zufälligkeit« am Rande: Ich habe festgestellt, dass ich bei Prozessbeginn gerade sieben mal sieben Jahre alt war, die ersten sieben Tage endeten gerade am 23. August, meinem 49. Geburtstag. Ich fühle mich wie neu geboren.

Ingrid Axenbeck

Erfahrungsbericht von Wiltrud Schmidt

Im Sommer 2002 wurde in der Zeitschrift *Das Goetheanum* ein Interview veröffentlicht, in dem über den sogenannten Lichtnahrungsprozess berichtet wird. Ein 52-jähriger Mann, bei dem sich zunehmend gesundheitliche Probleme sowie Übergewicht eingestellt haben, fasst den Entschluss, den Lichtnahrungsprozess durchzuführen und keine feste Nahrung mehr zu sich zu nehmen.

Ich hatte bis dahin noch nie gehört, dass in Mitteleuropa Menschen, die in einem normalen Arbeitsprozess stehen, mit einer Aufgabe, Terminen, Forderungen beruflicher und privater Art – kurz einem tätigen Leben –, ohne feste Nahrung auskommen können. Natürlich kannte ich Fälle von Menschen, die aus einem intensiven meditativen oder religiösen Leben heraus meist in Abgeschiedenheit und fern von einem intensiven Arbeitsprozess ohne feste Nahrung auskamen, manchmal sogar ohne Flüssigkeitsaufnahme, wie Nikolaus von der Flüe, Therese von Konnersreuth und andere. Aber hier lag offensichtlich etwas anderes vor. Beim Lesen des Artikels wurde mir bewusst, dass ich – ein Kind der letzten Jahre des Zweiten Weltkriegs, das noch den Hunger kennen gelernt hatte – eigentlich gerne und gerne gut aß, sich am Essen freuen konnte und einen Magen »wie ein Ross« hatte. So schloss ich schlichtweg das Nichtessen für mich selbst kategorisch aus. Zwar konnte ich mir gut vorstellen, dass es heute, im Zeitalter der zunehmenden Individualisierung Menschen geben möchte, für die das richtig war, mein Weg war es nicht – so dachte ich im Jahr 2002.

Von jungen Jahren an hatte ich mir angewöhnt, da die private Zeit durch berufliche Anforderungen immer knapp war, mich über mehrere Monate oder auch noch länger mit einem einzigen Thema zu beschäftigen und darauf zu verzichten, mehrere Bücher aus völlig verschiedenen Bereichen gleichzeitig zu lesen, um nicht den Spagat aus dem Berufsleben fortzusetzen. Ich verzichtete bewusst auf solche Reize. So waren mir Willensübungen geläufig, allerdings praktizierte ich sie ohne geistigen Hintergrund oder spirituellen Zusammenhang. Ich war aber gewohnt, mir Dinge durch einen Willensentschluss vorzunehmen, sie durchzuführen und zu einem Ende zu bringen. Auch legte ich über viele Jahre in der Karwoche eine Fastenzeit ein.

Als ich 1980 die Anthroposophie kennen lernte, erhielt mein ganzes Leben einen neuen Boden, endlich konnte ich einzelne Teile in ein Weltbild integrieren, das mir als Orientierung galt. Unter diesem Einfluss hatten sich im Laufe der Jahre Fähigkeiten und Kräfte, die mir zur Verfügung standen, allmählich verwandelt, waren aus Bereichen verschwunden und tauchten neu an anderer Stelle wieder auf. In meiner Jugend hatte ich intensiv Sport getrieben und mich viel körperlich betätigt. Es entwickelten sich dabei Geschicklichkeit, Kraft, Durchhaltevermögen; Willenskräfte wurden auf dieser Ebene geschult, die dann nach ihrer Verwandlung für neu gestellte Aufgaben zur Verfügung standen und eingesetzt werden konnten. Diese Verwandlungsprozesse brachten oft in der Folge äußere physische Erscheinungen mit sich, die dann immer Ausdruck davon waren, dass sich im Organismus «etwas tat», zum Beispiel in der Atmung, in Herz-Kreislauf, an den Gelenken. Diese Erscheinungen waren mir vertraut, und ich erlebte die verschiedensten Formen an mir. Mir war klar, dass alle Symptome eine Folge des Schulungsweges waren, die notwendigerweise ablaufen mussten, da nur dann eine Metamorphose eintreten konnte. Es ging also darum, solche Prozesse, auch wenn sie unangenehm, hinderlich oder schmerzhaft waren, als solche zu erkennen, sie als solche anzunehmen und sie im Ablauf zu befördern und zu unterstützen. Was nicht geschehen durfte, war, sie zum Beispiel durch einen wohlgemeinten ärztlichen Rat abzublocken oder zu verhindern.

Seit dem Frühjahr 2004 waren solche Prozesse wieder auf einem gewissen Höhepunkt angekommen. Eindrucksvolle Bilderlebnisse an einem Wochenende lösten aber jetzt zum ersten Mal Veränderungen in der Ernährung aus. Das war mir völlig fremd. Wochenlang ernährte ich mich ausschließlich von Honigbrot: Honig zum Frühstück, Honig am Mittag und noch einmal Honig am Abend. Es war fast eine Gier nach dem Honigglas, dafür waren keine anderen Speisen notwendig. Sehr abrupt endete dann diese Phase, ohne dass ich den Grund erkennen konnte, dafür kam eine ähnliche Phase mit Lust auf Fleisch. So erlebte ich mir völlig unbekannte Bedürfnisse und Veränderungen in der Ernährung, auch der gesunde Appetit, den ich ein Leben lang gekannt hatte, wurde allmählich weniger. Alles spielte sich in mir ab, ohne dass ich die Gründe dafür kannte und ohne dass ich diese Veränderungen hätte beeinflussen können. Es geschah ohne eine bewusste Willensentscheidung. Ich hatte aber das sichere Empfinden, dass alles seine Richtigkeit hatte, auch wenn ich nicht wusste warum. Das meditative Leben pflegte ich dabei in gleicher Weise weiter.

Im Juli 2004 traten dann innerhalb von 24 Stunden eine völlige Umstülpung im Ernährungs- und Verdauungssystem auf und das klare und deutliche Bedürfnis, keine feste Nahrung mehr zu mir zu nehmen. Immer noch in gewisser Weise durch die Schulmedizin geprägt, die sagt, dass der Mensch zum Leben Fette, Kohlehydrate, Eiweiß, Vitamine und noch vieles mehr braucht, wusste ich dank dem erwähnten Artikel, dass es Menschen gibt, für die das nicht zutrifft. Es bedurfte aber trotzdem noch einiger Anstregung, bis ich akzeptieren konnte, dass ich nun auch zu diesen gehörte. Doch die organischen Bedürfnisse waren so klar und eindeutig, dass ich mich damit abfinden konnte.

Das Frühstück besteht nun aus einem Früchtetee, mittags und abends gibt es leckere Frucht- oder Gemüsesäfte, in der kälteren Jahreszeit auch eine heiße Gemüsebouillon.

Dem nächsten Freundes- und Bekanntenkreis teilte ich die Veränderungen, die sich bei mir eingestellt hatten, mit und fügte jeweils hinzu, dass ich keine fixe Idee oder ein bestimmtes Motiv im Kopf hätte. Wenn ich morgen den Eindruck haben sollte, dass es richtig wäre, wieder zu essen, dann würde ich das in jedem Fall tun. So gehen wir nun weiterhin gemeinsam essen, ich sitze vor meinem Tomatensaft und entschuldige mich beim Ober, dass ich leider nichts essen könne. Die Freunde genießen ihr Essen und ich freue mich, wenn es ihnen schmeckt. Ich nehme den Anblick der Speisen auf dem Teller sehr intensiv wahr, ebenso die Düfte. Aber das genügt auch. Weder habe ich dabei ein Hungergefühl noch irgendwelche Gelüste, davon zu essen. Am schönsten war für mich, dass alle Freunde und Bekannten meine neuen Bedürfnisse tolerierten und nicht versuchten, mich davon abzubringen, sondern mir die Verantwortung dafür überließen. Zwar mag es dem einen oder anderen nicht leicht gefallen sein, aber praktisch, beim »gemeinsamen Essen« ging es dann ganz einfach.

Wie schon früher kann ich auch jetzt wieder eine Verwandlung bemerken: Die Konzentration wird stärker, notwendige Dinge tauchen im rechten Augenblick im Bewusstsein auf, der gesunde

Menschenverstand wird ein Stück wacher und die Kraft wächst, entsprechend danach zu handeln. Das Gedankenleben wird lebendiger und fantasievoller. Zwar stellen sich auch manche unangenehme Erscheinungen ein, so entsteht oft und sehr leicht ein Gefühl von Kälte und Frieren, Schwellungen an den Beinen u.a. Aber diese Erscheinungen sind vorübergehend, sie sind erträglich und werden eines Tages wieder verschwinden, oder man lernt damit umzugehen. So sorgt das Leben immer wieder für Überraschungen, die Geistesgegenwart und Beweglichkeit erfordern und ein Bewusstsein dieser Gratwanderung zwischen Willenskraft und Anpassung.

In einem Aufsatz von 1927 beschreibt Ita Wegman am Beispiel der Therese von Konnersreuth das Nichtessen für das 20. Jahrhundert aus geisteswissenschaftlich-menschenkundlicher Sicht. Sie hält es in diesem Fall für rein pathologisch und für die damalige Zeit für unmöglich, wenn der Mensch seiner Aufgabe nachkommen will, fügt aber hinzu, dass es in zukünftigen Zeiten der Menschheitsentwicklung möglich sein werde, ohne Nahrung auszukommen. In Anbetracht der zunehmenden Verunreinigung, Verseuchung oder pathogener Veränderungen der Nahrungsmittel in unserer Zeit, die noch zunehmen werden, ist es durchaus vorstellbar, dass die Früchte der Erde vielleicht sogar in nicht allzu ferner Zeit für den Menschen keine gesunde Ernährung mehr gewährleisten können.

So deuten zwei verschiedene Phänomene in unserer heutigen Zeit, der Verzicht auf Nahrung unabhängig vom Motiv und die immer ungesünder werdenden Nahrungsmittel, in ein und dieselbe Richtung. Es bleibt abzuwarten, wie sich die Ernährungsbedürfnisse bei jedem individuell in Zukunft gestalten werden.

Wiltrud Schmidt

Erfahrungsbericht von Clio Osman

Geboren wurde ich in Oregon, USA, im Juni 1941. Schon als kleines Kind hatte ich immer Fragen wie: Woher komme ich, warum bin ich hier, wohin gehe ich? Dies führte dazu, dass ich mit zwölf Jahren in der katholischen Kirche getauft wurde. Später wurde ich Nonne. Ich war immer fasziniert von den Heiligen und kannte schon damals die außergewöhnlichen Berichte von Menschen, die »vom Licht« allein lebten. Nach sieben Jahren als Nonne und gleichzeitiger Ausbildung zur Lehrerin führte mich mein Weg weiter: Unterricht in Ghettos in der Nähe von San Francisco, Peace

Corps auf den Philippinen, eine Reise durch Asien. Dies endete dann in Großbritannien, wo ich »zufällig« Emerson College entdeckte und die Anthroposophie als meinen eigentlichen Lebensweg fand. Ich studierte Eurythmie und arbeitete dann zuerst in Großbritannien, später in Deutschland an einer Waldorfschule im süddeutschen Raum.

Wie erwähnt wusste ich schon lange vom Phänomen der Lichtnahrung, ohne zu wissen, dass es auch für »gewöhnliche Sterbliche« möglich ist, diesen Weg zu gehen. Irgendwann hörte ich, dass es Menschen gebe, hauptsächlich in Australien, die sich von Licht ernähren. Ich hielt das damals für völlig absurd und habe es auch gleich wieder vergessen. Als ich die Ankündigung des Vortrags über Lichtnahrung von Michael Werner in Stuttgart sah, bin ich neugierig geworden. Schon nach seinem ersten Satz wusste ich: Das mache ich auch.

Nach und nach kamen verschiedene Begründungen zu dem Entschluss hinzu. Ich denke, dass geistige Arbeit durch Lichtnahrung »leichter« zu erfüllen ist, weil der physische Organismus nicht durch Verdauungsprozesse usw. beansprucht wird und weil die Nahrung dann rein ist. Viele berichten von einem viel geringeren Schlafbedarf, und ich leide seit Jahren an Müdigkeit. Als Alleinlebende hätte ich auch viel mehr Zeit zur Verfügung, müsste wenig einkaufen, nicht mehr kochen. Es wäre auch schön, das Geld für andere Dinge zur Verfügung zu haben. Aber an allererster Stelle stand für mich, dass man dann ein lebender Beweis dafür ist, dass es in unserer Welt mehr als Materialismus gibt. Dies lag mir besonders am Herzen, vor allem wegen meiner sehr materialistisch orientierten Familie.

Zunächst wollte ich den Prozess während der Sommerferien machen, aber scheinbare Hindernisse hielten mich davon ab. Ich hatte dann das Glück, jemanden zu finden, der sich bereit erklärte, mir zur Seite zu stehen, unter der Bedingung, dass ein Arzt abrufbar sein musste. Da mein eigener Hausarzt das alles für totalen Unsinn hielt, fragte ich ohne weitere Begründung bei einem anthroposophischen Arzt an, ob er in der betreffenden Zeit verfügbar sei. Ich teilte mein Vorhaben nur meinen nächsten Freundinnen mit, die mit verständlichem Unmut reagierten. Anlässlich eines Besuchs bei Michael Werner, der sich über mehrere Stunden zur Verfügung stellte, bekamen ich und meine Begleiterin alle unsere Fragen zufriedenstellend beantwortet. Er erklärte sich auch bereit, mich durch den Prozess zu begleiten, und war für mich während der ganzen 21 Tage fast immer telefonisch erreichbar.

Ich führte den Prozess bei mir zu Hause durch, genau nach den Anweisungen im Buch »Lichtnahrung« von Jasmuheen. Ich hatte absolutes Vertrauen, dass alles ganz von selbst ablaufen würde, wenn ich mich an die Angaben hielte. Mir war auch klar, dass ich den Prozess zur jeder Zeit abbrechen könnte, falls es mir dabei schlecht gehen sollte. Meinem Freundeskreis teilte ich mit, dass ich in den nächsten Tagen nicht erreichbar sei, weil ich eine Art »Retreat« machen wollte. Als Vorkehrung hatte ich eine große Luftmatratze für das Wohnzimmer gekauft, damit ich mich auch dort ausruhen konnte (in diesem Prozess ist sehr viel Bettruhe angesagt). Ungefähr zwei Jahre zuvor hatte ich schon mit regelmäßigem Fitnesstraining angefangen und dadurch eine größere Beweglichkeit (ich leide an Arthrose) und ein idealeres Gewicht erreicht. Ich hatte mich zuvor auch seit einigen Wochen hauptsächlich von Schonkost ernährt. Und so begann die Reise.

Da ich mich entschlossen hatte, kein Tagebuch zu schreiben, sind die folgenden Erinnerungen das, was nach fast einem Jahr noch präsent ist. Mit Freude begingen wir zu Beginn ein kleines Fest. Ich schlief gut und las in den nächsten zwei Tagen zur Beschäftigung einen spannenden Roman. Echter Durst kam erst mit dem dritten Tag. Da meine Begleiterin kleine Plastik-Eisbeutel zum Einfrieren gekauft hatte, konnte ich, indem ich zunehmend häufiger Eis im Mund zergehen ließ, die entstehende Trockenheit lindern. Das größte Problem in dieser Zeit waren die starken Muskelschmerzen, die ich im Gesäß bekommen hatte, weil ich beim Lesen zu lange in einer Position verharrt hatte. Selbst in meinem Wasserbett waren die Schmerzen so groß, dass ich kaum schlafen konnte. Ich wartete gespannt auf die Ereignisse, die Jasmuheen beschrieb, merkte aber nichts vom »Anhängen an einen geistigen Tropf«. Obwohl ich in den nächsten Tagen merklich schwächer wurde, unternahmen wir täglich einen Spaziergang, was mir immer wohl bekam. Ich hatte auch ein starkes Bedürfnis nach Kälte, und da vor meiner Türe Schnee lag, ging ich öfter nach draußen und rieb mir sowohl die Hände als auch das Gesicht tüchtig mit Schnee ein.

Meine Begleiterin staunte, dass ich trotz dem Prozess im Gesicht weiterhin so »gut« aussah. Ich nahm natürlich ab, war aber fest davon überzeugt, dass sich das von allein geben würde. Außer den erwähnten Schmerzen hatte ich keine besonderen physischen Probleme. Selbst am siebten Tag noch unternahmen wir einen Spaziergang, obwohl ich immer wieder Verschnaufpausen einlegen musste. Mein Bedürfnis nach Trinken stieg, bis es kaum mehr auszuhalten war, und so beschloss ich, den ersten Schluck am Abend des siebten Tages gegen 20 Uhr zu nehmen. Auch das taten wir mit einem kleinen Festakt. Ob es zu früh war oder nicht, wieder mit dem Trinken anzufangen, sei dahingestellt. Das Erlebnis, wieder zu trinken, war nicht so herrlich, wie ich es mir vorgestellt hatte, und beim zweiten Schluck musste ich sogar erbrechen.

Darauf folgte ein sehr merkwürdiger Zustand. Ich war in einem »Zwischenraum« angekommen, wo ich ein nicht mehr ganz reales Raum- und Zeitgefühl hatte, sondern teilweise wie in ein Traumleben versetzt war. Ich hatte eine Wahnvorstellung, dass ich jetzt für zwei Personen trinken müsste, und fast die ganze Nacht hatte ich einen Dauer-Albtraum, wobei ich stark schwitzte. Beim Aufwachen war dieser merkwürdige Zustand wieder vorbei. Es war immer noch viel Ruhe angesagt, aber jetzt begann wieder der physische Aufbau, bei dem erwartungsgemäß eine allmähliche Gewichtszunahme stattfinden sollte. Da dies in den darauf folgenden Tagen nicht geschah, wurde ich unruhig, doch Herr Werner hat mir immer wieder versichert, dass alles in Ordnung sei. Entsprechend der Unterteilung in dreimal sieben Tage merkte ich, dass es nun, in der zweiten Woche, für mich nicht mehr so sehr um eine Reinigung des Physischen, sondern mehr um das Seelische ging. Ich dachte viel nach, und kam zu einigen klärenden Erkenntnissen über das Gefühlsleben. Auch hatte ich in der Mitte dieser Woche ein unwiderstehliches Bedürfnis, in meiner physischen Umgebung »Klarschiff« zu machen. Es folgte eine große Aufräumaktion, die sich über zwei Tage erstreckte Mit jedem Tag wurde ich kräftiger, und ich trank sehr viel, wie Herr Werner vorgeschlagen hatte. Am Anfang der dritten Woche hatte ich das Gefühl, dass nun das Geistesleben dran ist. Es war herrlich, so viel Ruhe zu haben, ungestört für mich zu sein und lesen zu können.

Nach Beendigung des 21-Tage-Prozesses hatte ich nur einen Tag, bevor die Schule wieder anfing. Mir war ein bisschen bange, weil ich unsicher war, wie weit es schon bekannt war, dass ich diesen Prozess gemacht hatte, und wie man darauf reagieren würde. In der Tat sprach mich dann nur ein Lehrer an, und ich meinte bemerkt zu haben, dass einige Kinder mich komisch anschauten. Ich war noch etwas schwach, konnte mich aber beim Unterrichten auch hinsetzen. In dieser Zeit war ich sehr klar im Denken und Fühlen, was mir sehr viel mehr Souveränität im alltäglichen Leben verlieh.

Dann allerdings tauchte ein Problem auf, mit dem ich nicht gerechnet hatte. Da mein Arbeitszimmer direkt neben der Schulküche liegt, konnte ich immer riechen, was es zum Mittagessen geben würde. Nicht nur das plagte mich, sondern jegliche Vorstellung von etwas »Leckerem«. Ich blieb am Anfang eisern, weil ich das wirklich durchhalten wollte, nach dem Motto »Nur so lohnt es sich«. Mit der Zeit fing ich an, eine Kleinigkeit zu kauen und dann auszuspucken, obwohl es mir gefühlsmäßig dabei nicht so gut ging. Dann fing ich an, regelmäßig Suppenbrühe zu trinken. Gesundheitlich fühlte ich mich in dieser Zeit wirklich wohl, obwohl ich immer noch nicht an Gewicht zunahm, was mich etwas verunsicherte. Eine befreundete Ärztin, die mich in dieser Zeit besuchte, sagte mir später, dass sie gar nicht sicher war, ob der Prozess wirklich stattgefunden hatte, weil ich ihr so durchlässig vorkam. Nach einigen Wochen fing ich an, wieder regelmäßig Stuhlgang zu haben, und von da an nahm mein Gewicht rapide ab. Als ich dann eher schlecht als recht aussah, war mir klar, dass ich – aus welchem Grund auch immer – wieder anfangen sollte zu essen, was mir dann auch keinerlei Schwierigkeiten verursachte.

Ich fragte Freunde, die übersinnliche Wahrnehmungen haben, danach, ob der Prozess bei mir wirklich stattgefunden hätte. Die Antwort lautete »Jein«. Und auf die Frage, wann ich mit Lichtnahrung weitermachen dürfe, erhielt ich die Antwort: »In zehn Jahren.« Im Nachhinein bin ich froh, dass ich diese Erfahrungen machen durfte, trauere aber dem Aussetzen des Prozesses auch nicht nach. Ob ich damit wieder beginne, wird sich zeigen.

Clio H. Osman

Erfahrungsbericht von Peter Zollinger

Ich bin 1952 geboren, seit 1974 verheiratet und habe zwei erwachsene Söhne. Von Beruf bin ich Unternehmer.

Vor etwa sieben Jahren hat mir meine Nachbarin das Buch von Jasmuheen über das Phänomen der Lichtnahrung über den Zaun gereicht. »Das musst du unbedingt lesen, es ist hoch interessant«, sagte sie. Also nahm ich das Buch halb interessiert, halb meiner Nachbarin zuliebe in die Hand.

Ich stand damals in einer Phase, in der ich viele sogenannt positive Bücher las, und meine nähere Umgebung hatte sich langsam daran gewöhnt, dass ich in Bezug auf das Leben, den Tod und unsere Aufgabe auf der Erde andere Ansichten vertrat, als sie in der Schule vermittelt werden. Das Phänomen der Ernährung durch Licht faszinierte mich nach der Lektüre des genannten Buches so sehr, dass ich damals schon daran dachte, mich in dieser Form zu ernähren; also sprach ich mit meiner Familie darüber. Doch das war dann für meine Liebsten doch zu weit von der Norm entfernt;

meine Frau reagierte zuerst verwirrt, war aber dann ruhig. Am Abend kochte sie meine Leibspeise und stellte statt des gefüllten Tellers drei brennende Rechaudkerzen an dessen Stelle. Ich erinnere mich noch heute an das Bild: dreimal Lasagne, einmal Licht zur Hauptspeise. Wir lachten alle herzhaft, und so hatte mich meine Frau erfolgreich von der Illusion der Lichtnahrung befreit, denn damals war es tatsächlich nur ein Wunsch, es war noch kein Ziel.

Sieben Jahre später, im Mai 2004 las ich zufällig einen Bericht von jemandem, der dieses »Wunder« in der Schweiz praktiziert. Diesmal wollte ich es wissen, und ich vereinbarte einen Termin mit Herrn Werner, um den es in dem Artikel ging. Ich hatte die Absicht, Fakten für eine allfällige Entscheidung zu sammeln. Das Gespräch war sehr sachlich und offen in allen Belangen, Herr Werner wirkte auf mich wie ein »normaler Mensch«. Außer den nicht besonders gut sitzenden Hosen war an dem Mann nichts Auffälliges zu sehen, schon gar nichts, das auf seine besondere Fähigkeit hindeutete. Diese Bescheidenheit nach außen war für mich der Hauptgrund, den Ausführungen von Herrn Werner zu vertrauen, und der von ihm vorgelebte Weg wurde für mich nachahmenswert.

Mit der Gewissheit, einen wirkungsvollen Weg zur Erhaltung der körperlichen Gesundheit und zur Förderung meines Bewusstseins gefunden zu haben, bereitete ich meine Umwelt auf den kommenden Wechsel vor. Die Widerstände, vor allem aus meiner nächsten Umgebung, waren auch diesmal massiv, nur jetzt war mein Wunsch zu einer hundertprozentigen Absicht geworden, und daher ließ ich mich nicht mehr so leicht beeinflussen. Ich hatte mir die Fragen von Charmaine Harley eingehend vorgenommen, das heißt, ich hatte mir meine noch unterschwellig bestehenden Zweifel bewusst gemacht und sie ausgeräumt. Ohne die Sicherheit, die ich mir durch diesen Vorgang der Bewusstwerdung erworben hatte, hätte ich die Hürden vor und während des 21-Tage-Prozesses kaum so problemlos überwunden. Im Nachhinein, nach bestandenem Prozess, aber abgebrochener Dauerphase, habe ich mich gefragt, was wohl der wirkliche Grund für meine Entscheidung gewesen sein mag. Dabei ist mir klar geworden, dass neben den Aspekten der Gesundheit, der Zeitersparnis, der Erhöhung der Effizienz der übergeordnete Beweggrund war, mich damit auf eine höhere Schwingung zu transformieren, um die Aufgaben des Lebens besser meistern zu können.

Ich habe mich also Ende Juni 2004 bei einer Bekannten im selben Dorf für 21 Tage in der freien Einliegerwohnung eingemietet, habe meine Frau orientiert, dass ich drei Wochen niemanden kontaktieren werde und dass niemand außer meinem in der Familienfirma arbeitenden Sohn mich besuchen dürfe und dass sonst niemand überhaupt wissen dürfe, wo ich mich befinde.

Während des Prozesses hat mich mein Sohn sehr liebevoll begleitet; obwohl er meine Entscheidung nicht verstand, sagte er: »Du bist mein Vater, und du hast einen guten Grund für dein Denken und Handeln; das akzeptiere ich, auch wenn ich es nicht verstehe.« Er besuchte mich fast täglich nach der Arbeit, außer wenn er wirklich weit weg war. Ich hatte ihn angewiesen, während der drei Wochen nichts über die Geschäfte in unserem Familienbetrieb verlauten zu lassen. Diese Anweisung hat er denn auch strikte befolgt. Er war mir neben Herr Werner, den ich regelmäßig anrufen durfte, eine sehr große Hilfe, vor allem dann, als ich nach drei Tagen plötzlich einen Schluckauf bekam, der mich während vier Tagen ununterbrochen geplagt hat. Nach vier Tagen Schluckauf war jede Kontraktion des Zwerchfells von derart starken Schmerzen begleitet, dass ich jedesmal hätte schreien können; daneben hat mich der Daueranfall noch zusätzlich geschwächt. Zum Glück hatte ich mir ein sehr intensives Tagesprogramm fast ohne Leerzeiten auferlegt; daher habe ich diesen Schmerz tagsüber nicht so störend empfunden wie in der Nacht, wo ich manchmal stundenlang vor Schmerzen gekrümmt wach gelegen bin. Das klingt jetzt zwar sehr schlimm, aber genau durch diesen Schmerz konnte ich die Fähigkeit entwickeln, eine mir nicht passende Situation anzuerkennen, wie sie ist, sie ohne Protest zu akzeptieren. Diese Fähigkeit hat mich gestärkt, und plötzlich empfand ich den Schmerz nur noch zu einem Bruchteil dessen wie zuvor unter Protest. Heute bin ich dankbar für die damalige »Pein«. Dank einer guten Zeitplanung während des Prozesses habe ich mich keine Minute gelangweilt, immer war etwas zu tun, sei es einen Brief schreiben, in einem Buch lesen, zum Beispiel in der Bibel oder das Leben des Dalai Lama oder auch einen Krimi, Lebensplanung machen, Prozessanalysen niederschreiben, Spaziergänge unternehmen, bewusste Ruhepausen genießen, klassische Musik hören, mich auf mich selbst besinnen, den Kontakt mit der kausalen Ebene finden und mir meine Fragen durch klare Bilder beantworten lassen und einiges mehr.

Die drei Wochen vergingen wie im Flug, ich habe sie als eine der schönsten Zeiten in meinem Leben in Erinnerung. Obwohl ich mich nach dem Prozess aufgrund anhaltender körperlicher Schwäche anlässlich einer Geburtstagsparty mit einem riesigen

Buffet wieder zum Essen verführen ließ und auch heute noch, drei Monate später, wieder regelmäßig esse, kann ich jedem ernsthaft nach Bewusstsein Strebenden diesen Prozess empfehlen. Ich selbst habe aus dem Prozess und dem anschließenden Rückfall wichtige Erkenntnisse gezogen, die mir heute auch ohne Lichtnahrung helfen, das Leben leichter anzugehen. Zumindest bin ich eine Stufe demütiger geworden. Das wirkt sich so aus, dass ich gelassener wurde, dass ich mutiger bin, ich schenke meinen Körpersystemen heute bewusst Anerkennung für ihre Leistung, die sie für mich tun.

Natürlich strebe ich die Fähigkeit der kosmischen Energieaufnahme immer noch an, aber letztlich ist es für mich nicht mehr so wichtig, ob ich mich je ausschließlich von Licht ernähren werde. Viel wichtiger ist mir, dass ich in Zukunft immer den nötigen Mut aufbringe, um mich Problemen zu stellen, dass ich nicht mehr durch »Überfliegen, durch Abheben« einer Aufgabe entfliehen will, denn diese fluchtähnliche Absicht hatte sich latent hinter meiner so schön klingenden Begründung für den Entscheid, den 21-Tage-Prozess zu machen, verborgen. Des Weiteren habe ich erkannt, dass die Erreichung eines physischen wie auch geistigen Zieles Energie freisetzt, die nur dann bewusstseinsfördernd wirkt, wenn ich sie schon in der Planung für einen konkreten und möglichst sinnvollen Zweck vorsehe. Das heißt, ich nutze in Zukunft die mir durch das Erreichen eines Zieles zufließende Energie für eine Zusatzleistung, zu der mir ohne Zielerreichungsenergie die Kraft fehlen würde. Oder noch anders gesagt, ich schaffe mehr, weil ich mehr Ziele erreiche. Diese Zusammenhänge wurden mir erst bei der Beleuchtung meines Rückfalls bewusst. So gesehen, war das Nichtgelingen meiner Absicht, mich andauernd von Licht zu ernähren, vielleicht segensreicher, als wenn es gelungen wäre, und diese Einsicht schenkt mir heute die Kraft, für meine anstehenden Aufgaben und Probleme bewusst eine Lösung zu finden.

Peter Zollinger

Erfahrungsbericht von Gertrud Müller

Ich lebe in Minusio am Lago Maggiore. Zu Fuß kann ich entlang der Navegna, einem über imposante Granitsteine dahinplätschernden Wildbach, in fünf Minuten zum See spazieren und mich an der Schönheit des Sees und der bewaldeten Berghöhen mit den malerischen Dörfern am andern Ufer erfreuen.

Ich bin pensionierte Haushaltungslehrerin, bin unverheiratet, alleinstehend und angenehm situiert. Nach langjähriger Lehrtätigkeit, davon dreizehn Jahren an der Rudolf-Steiner-Schule in Ittigen, und zweieinhalb Jahren Mitarbeit beim Aufbau der Küche des neu gegründeten Altersheims im Rüttihubelbad war ich bis zu meinem siebzigsten Geburtstag mit reduziertem Pensum an der Rudolf-Steiner-Schule in Locarno als Gartenbaulehrerin und im Kollegium tätig. Nun genieße ich die Freiheit in meiner kleinen, schön gelegenen Wohnung im Tessin, nehme an Lesegruppen, einem Eurythmie- und Volkstanzkurs teil. Meditation und Gebet ebenso wie kurze Eurythmieübungen und Querflötenspiel gehören zu meinem Tagesablauf. Mit Freude koche (vegane Diät) und putze ich selbst und betreue zwei kleine Gärtchen bei unserem Haus; ich fühle mich hier sehr geborgen und mit der Südschweiz verbunden.

Als ich das Interview von Thomas Stöckli mit Dr. Werner las, ergriff mich der Impuls der Lichtnahrung sofort und ließ mich nicht mehr los; das war um den 20. August 2002. Nach dem Studium des Buches »Lichtnahrung« von Jasmuheen bestimmte ich Freitag, den 13. September, als Prozessbeginn. Ich erhoffte mir eine allgemein verbesserte Gesundheit. Weiter schien es mir sehr wertvoll als Erfahrung, um den weltweit hungernden Menschen, besonders in den südlichen Weltgegenden, den Mut zu stärken, ohne Nahrungsmittel und stattdessen durch Lichternährung zu leben, wie es zum Teil in Afrika und in Asien schon lange in den spirituellen Lebensgewohnheiten praktiziert wird.

Ich verschenkte alles Essbare, nur die benötigten Säfte waren da. Ich fand eine sehr liebe und tüchtige Tessiner Freundin, die bereit war, mich täglich einmal während dieser für uns spannenden Zeit zu besuchen und mich anteilnehmend zu begleiten.

Die Selbstprüfungsfragen nahm ich sehr ernst, und ich versuchte mich in die Heiligkeit des Prozesses einzustimmen. Ich lebe schon lange als Veganerin und liebe das Essen, was mir aber durch die Gentechnahrung sehr fragwürdig geworden ist. Da ich ein bewegungs- und arbeitsliebender Mensch bin, nahm ich von Anfang an die notwendige Zurückgezogenheit aus allem »Weltlichen« zu wenig ernst. So gab es täglich zwei kurze Spaziergänge zum See, der kleine Garten, zwei Balkone und die Zimmerpflanzen wurden voll Freude weiterbetreut, und am achten Tag besuchte ich sogar mit einer Bekannten ein wunderbares Orchesterkonzert in Locarno. Dies erlebte ich nachträglich als unakzeptabel für die mich begleitende Geistwelt, und nur durch die tief erlebte Reue und mein aufrichtiges Flehen um Vergebung schenkten sie mir wiederum ihre Zuwendung. Das war für mich ein aufrüttelndes Erlebnis.

Da ich also die Regeln nicht vollständig beachtete und während des Prozesses zu aktiv war, magerte ich zu sehr ab; ich war schon bei Prozessbeginn schlank gewesen. Trotzdem fühlte ich mich nach den drei Wochen sehr gut, wenn auch etwas schwach, und war sofort wieder im Rückblick zu unternehmungslustig und zu tätig.

Zu den Erlebnissen während des Prozesses ist zu sagen, dass ich mich am ersten Tag ohne Frühstück sehr wohl fühlte und dann voll Freude und Energie etwas im Garten arbeitete (was ich eigentlich, wie gesagt, nicht hätte tun dürfen). Die ganz neu erlebten kurzen Spaziergänge zum See regten mich zu tiefem Atmen an und gaben Anlass, auf einem sonnenwarmen Granitblock sitzend und das glitzernde Wasser bewundernd, Sonnenlichtnahrung zu empfangen. Daneben ruhte ich mich auf dem Morgen- und Nachmittagssonnenbalkon aus und genoss die Ruhe, den rauschenden Bach und die Natur ganz neu. Am Abend des dritten Tages ließ ich mich zu einem warmen, genüsslichen Seebad verführen. Vor dem Einschlafen stimmte ich mich auf das Verlassen des »spirituellen Körpers« ein. In der Nacht erlebte ich im Traum, wie ein goldener Lichtstrahl mich durchdrang. Ich konnte aber die Richtung des vertikalen Strahles nicht wahrnehmen. So blieb es für mich unklar, ob er sich in mich senkte oder sich aus mir emporhob. Auf jeden Fall war es für mich ein beeindruckendes spirituelles Erlebnis. Im Nacherleben hatte ich das Gefühl, von diesem goldenen Strahl von oben wunderbar gestärkt worden zu sein. Ich fand dann ein Wahrspruchwort von Rudolf Steiner mit folgendem Anfang:

»Gottes schützender, segnender Strahl
Erfülle meine wachsende Seele,
Dass sie ergreifen kann
Stärkende Kräfte all überall ...«

Seitdem begleitet mich dieser Spruch in jeden neuen Tag und erinnert mich an das wunderbare vom goldenen Himmelsstrahl Durchdrungensein.

Nach dem dritten Tag machte mir der ausgetrocknete Mund sehr zu schaffen, und ich war froh, in größeren und kleineren Abständen den Mund zu spülen und Eisstückchen zu lutschen und dann wieder auszuspucken. Sonst fühlte ich mich gut und genoss das schöne Herbstwetter, mich regelmäßig ausruhend, lesend und schlafend und mit den eigentlich verbotenen kurzen Spaziergängen zum See. Am vierten oder fünften Tag nahm ich beim Aufwachen aus dem Mittagsschlaf über und neben mir eine schwebende Lichtgestalt wahr. Es war, wie wenn sie ein kleines Wasserkännchen zu meinem Rücken führte, um den ätherischen Wassertropfen, von dem ich später in dem Buch »Lichtnahrung« las, in der Nähe meiner Nieren einzusetzen. In meinem Nacherleben ein wunderbares, zartes, liebevolles Geschehen, das mich die Arbeit der himmlischen Bruderschaft und Geistwesen mit Bewunderung und Dankbarkeit wahrnehmen ließ und mich sehr stärkte.

Am siebten Tag darf man gegen Abend erstmals wieder trinken. Ich genoss mit tiefer Dankbarkeit das erste, heiß ersehnte Schlückchen Wasser als herrliches Gottesgeschenk und erlebte die belebende Wohltat des Wassers ganz tief verbunden mit dem Menschsein, wie dann ganz feierlich und festlich auch den ersten Fruchtsaft.

Vom achten bis zum einundzwanzigsten Tag begleiteten mich immer wieder die Angaben von Jasmuheen zu dieser Phase. Ich las erneut und mit vertieftem Verständnis die Biografie von Niklaus von Flüe, ebenso das Gespräch von Jesus Christus mit der Samariterin am Jakobsbrunnen und anschließend mit den Jüngern (Joh. 4). Ich lernte in dieser Zeit einen Architekten aus Sarnen kennen, der oft im Ranft weilt, und mit ihm besuchte ich die Einsiedelei nach Beendigung des Prozesses zum ersten Mal. Es war für mich ein tief erschütterndes Erlebnis mit ganz feiner, wach gewordener Geistwahrnehmung für den besonderen Ort an diesem kalten, einsamen Regennachmittag und mit dem feinfühligen Begleiter. Anschließend fühlte ich mich sehr schwach und durchfroren, aber auf wunderbare Weise bereichert.

Während der ganzen Dauer des Prozesses konnte ich bei auftauchenden Fragen oder Unsicherheiten telefonisch Rat bei Herrn Werner finden, was ich sehr schätzte und mir eine wertvolle Hilfe war. Zwei Tage nach Beendigung des Prozesses am 3. Oktober nahm ich am Sonntag an der Weihehandlung teil: Dabei erfuhr ich ein viel vertiefteres Geisterleben, und die Hostie war der erste Bissen feste Nahrung, die ich ganz langsam in meinem Mund genoss und mir ebenso bedächtig wie den frisch gepressten biodynamischen Traubensaft »einverleibte«: ein ganz neues, tief feierliches dankerfülltes Erlebnis von »Speise und Trank« …

In den folgenden Tagen trank ich zu den Mahlzeiten Saft und fühlte mich gut. Der Besuch der Expo zwei Wochen später brachte mich an den Rand meiner Kräfte, und es war schwer, nichts zu essen. Als ich anschließend wie schon seit langem mehrmals im Jahr zu meinen Freunden nach Palermo fuhr, wollten mich diese nur dann in ihre Familie aufnehmen, wenn ich wiederum esse, sonst müsste ich anderswo eine Bleibe suchen. Diesen Verlust des trauten Beisammenseins wollte ich nicht auf mich nehmen, besonders weil ich gleich danach nach Colombo, Singapur und Melbourne fliegen wollte. Ich brauchte nach dem Lichtprozess keine Medikamente mehr und nahm auch keine auf meine Reise mit. Erst im März 2003, nach meiner Rückkehr von der erfolgreichen und schönen Reise, musste ich für meine Leber wieder Medikamente nehmen, jedoch viel weniger als früher, und so ist es auch bis heute geblieben. Nach meiner Rückkehr führte ich einen wöchentlichen Safttag ein als Erinnerung an den Lichtprozess, was mir sehr gut bekommt. Ich erfreue mich wieder an meiner veganen und biodynamischen Vollwertdiät und an den mit Sorgfalt und Dankbarkeit zubereiteten Mahlzeiten.

Im Rückblick ist und bleibt dieser Lichtprozess ein gewaltiges Seelenerlebnis, das mir neue, wertvollste Lebensenergie schenkte nach einem schwierigen Abschied von der Schule nach meinem 70. Geburtstag – ein Abschied, der meine seelische und körperliche Gesundheit sehr belastete und dessen Folgen ich durch ärztliche Hilfe, durch Craniosakral-Massagen, mit Hilfe von Freunden und eben durch diesen heilsamen Lichtprozess überwinden konnte. So erfüllt mich eine große Dankbarkeit für die weise Schicksalsführung und die segensreiche Wirkung des Lichtprozesses, der, wie ich glaube, hilfreich weiterwaltet.

Gertrud Müller

Anregungen und Verständnishilfen aus der Tiefenpsychologie

Nicht nur aus der modernen Physik und aus der Geisteswissenschaft Steiners, auch aus der Tiefenpsychologie C. G. Jungs können sich wertvolle Verständnishilfen ergeben. Vielleicht braucht es die Verbindung dieser verschiedenen Richtungen, um Erklärungsmodelle zu entwickeln, die einem Phänomen wie demjenigen der »Lichtnahrung« einigermaßen gerecht werden können. Es ist auch unsere Hoffnung, dass durch das Problem, solche Phänomene nicht erklären zu können, die Wissenschaft einen Impuls erhält, einen nächsten Schritt ins 21. Jahrhundert zu vollziehen.

Marco Bischof gibt in seinem Buch »Tachyonen, Orgonenergie, Skalarwellen. Feinstoffliche Felder zwischen Mythos und Wissenschaft« einige sehr interessante Anregungen dazu, die wir im Folgenden zitieren möchten.

Die Kraft der Imagination und das Physisch-Materielle

»Einbildungskraft oder Imagination ist gleichzeitig die ›Bildekraft‹ Blumenbachs und Steiners; in der Sprache der Alchemie heißen die Bildekräfte die ›Imagination Gottes‹, wie C. G. Jung in seinem Werk ›Psychologie und Alchemie‹ (Jung 1975) schreibt. Über die Imagination heißt es in einem alchemistischen Traktat, ›was Gott imaginiert, geschieht in Wirklichkeit, doch was die Seele imaginiert, geschieht nur im Geiste‹. Dies scheint genau dem beiläufigen Vorurteil zu entsprechen, dass alles Vorgestellte ›nur Fantasie‹ und imaginär sei, doch in Wirklichkeit enthält es ein Rezept für wirksame Imagination: Nur wenn das Imaginieren aus unserem überindividuellen, innersten göttlichen Kern kommt, ist es eine wirklichkeitsschaffende Kraft, nicht aber dann, wenn es bloß aus unserer individuellen Psyche stammt.

Wie C. G. Jung im Zusammenhang mit der Alchemie schreibt, ist die wahre Imagination weit mehr als als nur Fantasie und bloße Wunschvorstellung. Die Imaginationsvorgänge ›spielen sich in einem Zwischenreich zwischen Stoff und Geist ab, in einem seelischen Bereich subtiler Körper, denen sowohl geistige wie stoffliche Erscheinungsweise eignet, die etwas Leibhaftes, ein subtiles ›Corpus‹ von halbgeistiger Natur sind‹ (Jung 1975). Jung betont, die

Imagination sei ›eine Kraft, die sowohl im Seelischen wie auch im Stofflichen Veränderungen zu bewirken vermag‹. Sie ist auch die ›Wünschelkraft‹, die man sich im Mittelalter mit dem Gebrauch der Wünschelrute verbunden dachte. Das ›Wünschen‹ darf hier nicht in seiner heutigen, entschärften Bedeutung als ein bloßes Verlangen verstanden werden, sondern muss im alten magischen Sinne als ein magisches Bewirken aufgefasst werden.

Der Ätherbereich ist jene subtile Dimension der Wirklichkeit, in der das ständige Wünschen und Sichvorstellen von Möglichkeiten vor sich geht, das die Vorstufe der Manifestation ist. Es ist die Ebene der virtuellen Realität, in der alle potenziell möglichen Formen und Geschehnisse, deren Urbilder in der ›Welt der Archetypen angelegt‹ sind, sich ›ausarbeiten‹ und ihre Existenz sozusagen probieren, wo aber noch nicht entschieden ist, in welcher Form die endgültige Manifestation stattfinden soll. In dieser ›Probebühne der Wirklichkeit‹ werden Formen und Möglichkeiten ausprobiert und teilweise auch wieder verworfen, bis die Entscheidung für eine bestimmte fällt. Diese Entscheidung wird vom Selbst, von unserem innersten Wesen, gefällt, das etwas ist, was nicht nur im einzelnen Menschen, sondern im innersten Zentrum aller Vorgänge der Realität tätig ist.

Nach der von Henry Corbin beschriebenen schiitischen Überlieferung der ›Drei-Welten-Lehre‹ ist die Imagination aber auch das Wahrnehmungsorgan für die ›Welt des Imaginalen‹, die Ebene des Ätherischen, so wie die Welt der Objekte mit den sieben gewöhnlichen Sinnen und die Welt der ›reinen Formen und Intelligenzen‹ (Archetypen) mit der ›intellektuellen Intuition‹ wahrgenommen werden. Die Welt des Imaginalen ist nach Corbin ›weniger materiell als die physische Welt, jedoch materieller als die Welt des Intellekts. Sie ist eine Welt von feinstofflichen Körpern, von spirituellen Körpern, deren Seinsweise das ›In-der-Schwebe-Sein‹ ist und die ihre eigene Art von Materialität haben‹. Nach meiner Auffassung ist dieser Hinweis aus der traditionellen Wissenschaft auf die Natur des feinstofflichen Bereichs als Schauplatz der Vorphasen der Manifestationsvorgänge und auf die zentrale Bedeutung des menschlichen Bewusstseins und der Imagination als mitwirkende Gestaltungskraft in diesem Geschehen von größter Bedeutung für eine künftige wissenschaftliche Erforschung des Feinstofflichen.

C. G. Jungs Unus Mundus

Ein weiteres geisteswissenschaftliches Konzept, das ein bedeutsames Licht auf das Wesen von Vakuum und feinstofflicher Welt wirft, ist Carl Gustav Jungs *Unus Mundus* (von Franz 1970, 1988; Arzt 1992). Dieses Konzept, das später von seiner Schülerin Marie-Louise von Franz gedeutet und bereichert wurde, ging aus der Zusammenarbeit Jungs mit dem Physiker Wolfgang Pauli hervor, die in dem gemeinsamen Buch ›Naturerklärung und Psyche‹ dokumentiert ist (Pauli und Jung 1952). Es stellt ein Modell dar, mit dem die beiden Forscher Quantenphysik, Tiefenpsychologie und Parapsychologie einander anzunähern hofften.

Die Idee des *Unus Mundus* beruht auf der Annahme, dass die Vielfältigkeit der empirischen Welt auf der Grundlage einer tiefen Einheitswirklichkeit ruhe. Der *Unus Mundus* ist ein einheitlicher Welthintergrund, in dem alle Gegensätze noch vereint sind, so vor allem Vielheit und Einheit sowie Psyche und Materie. Der Begriff stammt aus der mittelalterlichen Scholastik und bezeichnete dort den potenziellen archetypischen Weltplan im Geiste Gottes vor Beginn der Schöpfung. Dieser ›transzendente psychophysische Hintergrund‹ unserer Wirklichkeit liegt sowohl der materiellen Welt wie auch der Welt von Psyche und Bewusstsein zugrunde und ist ›ebenso physisch wie psychisch und daher keines von beiden, sondern vielmehr ein Drittes, das sich nur andeutungsweise erfassen lässt‹ (Jung 1955/56). Diese Einheitsebene des Seins ist eine ›potenzielle Struktur‹, die außerhalb von Raum und Zeit liegt, sich nur sporadisch im Bewusstsein manifestiert und nicht unmittelbar der sinnlichen Wahrnehmung zugänglich ist. (...)

Jung und von Franz äußern sich auch zur ›Energiefrage‹: Sowohl psychische Energie wie auch physikalische Energie, die beide im *Unus Mundus* entspringen und vom *Unus Mundus* strukturiert würden, seien ein Ausdruck der dynamischen Prozesse in diesem Welthintergrund. Beide sind auch zahlenhaft strukturiert; wie von Franz schreibt, sind die natürlichen Zahlen ›die typischen, überall wiederkehrenden gemeinsamen Bewegungs-Pattern der psychischen und der physikalischen Energie‹ (von Franz 1970). Jung war der Ansicht, dass auf der Ebene des *Unus Mundus* sowohl das Psychische ›eine gewisse latente physikalische Energie‹ und Wirksamkeit manifestiere, wie auch die Materie eine latente psychische Natur besitze. Diese psychische Energie besteht nach Jung in einer gewissen ›psychischen Intensität‹, die, wenn sie messbar wäre, als etwas räumlich Ausgedehntes und im Raum Bewegtes erscheinen müsste. Jung hielt auch eine Ausdehnung psychischer Realität auf die Materie, besonders in Momenten der Synchronizität, für möglich und forderte die Wissenschaft auf, für diese Art von Phänomenen einen neuen Forschungszweig zu schaffen.«

Licht und Nahrung – ein Blick in die Kulturgeschichte

Viele alte Kulturen und ihre Schöpfungsgeschichten enthalten Hinweise auf die herausragende Bedeutung des Lichts für die Erdenevolution. Und auch in der abendländischen Tradition, die von der biblischen Geschichte maßgeblich geprägt ist, finden sich interessante und bedenkenswerte Hinweise zu Licht, Nahrung und Ernährung. Einige davon sind im Folgenden als Anregung zum Nachdenken aufgeführt.

Alte Kulturen

Die *Rig* und *Sama Veden* der alten indischen Kultur beginnen mit den Worten: »Agni milet prohitam« (»Ich verehre das Feuer«). Das erste Wort, aus dem sich alles Folgende entwickelt, ist Agni, das Feuer, der Ausdruck für Licht und Wärme, der Beginn und Ursprung der Schöpfung. Nach Zarathustra, dem Lehrer und Menschheitsführer des alten Persien, entwickelt sich die Erdenschöpfung erst durch die Polarität von Licht und Finsternis, und ihre Repräsentanten Ormuzd und Ahriman kämpfen miteinander um den Menschen. So ruft Zarathustra in seiner Lehre seine Schüler auf, sich zum Licht zu bekennen und die Finsternis zu bekämpfen und zu erlösen. Und auch die alte germanische Überlieferung, wie sie zum Beispiel in der *Edda* eindrucksvoll geschildert wird, kennt die Bedeutung des Lichts: Mit dem Tod des Lichtgottes Baldur beginnt die dunkle Erdenzeit, die Zeit der Götterdämmerung. Baldur wird von seinem blinden (!) Bruder Hödur im übermütigen Spiel auf tragische Weise unbeabsichtigt getötet. Der finstere und listige Gott Loki hatte durch Verrat und Täuschung dafür gesorgt, dass Hödur seinen Bruder mit einem Mistelzweig tödlich verletzen konnte. Die Götterwelt geht für den Menschen vorerst verloren, und die Menschheit muss den Weg zum Licht durch eigene Initiative wiederfinden.

Zur Ernährung finden sich bereits in der alten indischen Tradition Hinweise. Im Kernstück des Mahabharata-Epos, in der *Bhagavad Gita*, dem »Gesang des Erhabenen«, weiht der Gott Krishna Arjuna als Repräsentanten der Menschheit auf dem Schlachtfeld kurz vor dem Ausbruch des Kampfes in die göttlichen Geheimnisse ein. Zur Ernährung sagt er, dass es nicht viel nütze, wenn man nichts esse, denn man komme allein dadurch nicht zur Vereinigung mit dem Göttlichen: »Wenn jemand sich der Nahrung enthält, hören wohl die Gegenstände seiner Sinne auf zu wirken. Die Neigung in den Sinnen selbst, *rasa*, bleibt jedoch bestehen. Wenn das Höchste geschaut wird, hört auch *rasa* auf« (II Yoga der Erkenntnis, Vers 59). Zudem heißt es, dass nur gegessen werden soll, was geweiht ist: »Die Guten, die essen, was vom Opfer übrig bleibt, sind von aller Sünde befreit. Jene aber sind böse und sündigen mit Lust, welche [die Speise] um ihrer selbst willen zubereiten« (III Yoga des Handelns, Vers 13). »Andere schränken die Nahrungsaufnahme ein und gießen als Opfer die Vitalkraft ihres Lebensatems in den [allumfassenden] Lebensatem« (IV Yoga der göttlichen Erkenntnis, Vers 30) (zit. nach Sri Aurobindo 1992).

Die abendländische Tradition

In der abendländischen Tradition sind die Vorstellungen von der Erschaffung, Entstehung und Entwicklung der Welt vor allem geprägt durch die Bilder des Alten Testaments. Am ersten Schöpfungstag werden Himmel und Erde geschaffen, sie sind wüst und leer. Dann kommt durch Gottes mächtiges Wort Bewegung in die Schöpfung: »Und Gott sprach: Es werde Licht! Und es ward Licht. Und Gott sah, dass das Licht gut war. Da schied Gott das Licht von der Finsternis« (1 Mose 1–4). Bemerkenswert ist, dass die Erschaffung der Sonne zusammen mit Mond und Sternen, die für uns normalerweise untrennbar mit dem Phänomen des Lichts auf der Erde verbunden sind, erst am vierten Tag erfolgt. Daher stellt sich die Frage, was mit dem am ersten Tag erschaffenen Licht eigentlich gemeint ist.

»Es ist einfach eine ubiquitäre, eine überall vorhandene Energie, die sich unter anderem auch im Licht offenbart. Das Licht bildet die Grenze zwischen dem Materiellen und dem Immateriellen. Das Licht hat auch diese feinen gegensätzlichen Qualitäten, einerseits den Wellencharakter und andererseits den Impulscharakter. Es spielt sich also an der Grenze zwischen dem Materiellen und dem Geistigen ab, weshalb der Begriff ›Lichtnahrung‹ der bestmögliche ist.«

Im Neuen Testament wird der Schöpfungsablauf erneut aufgegriffen, nun aber abstrakter und weniger bildhaft. So heißt es im Prolog zum Johannesevangelium: »Im Anfang war das Wort. (...) In ihm war das Leben, und das Leben war das Licht der Menschen.

Und das Licht scheint in die Finsternis, und die Finsternis hat es nicht ergriffen« (1 Joh. 1–5). Der letzte Satz erinnert an die Forderung der altpersischen Tradition des Zarathustra, sich zum Licht zu bekennen und dadurch die Finsternis zu erleuchten und zu erlösen. Und auch die Tragik des germanischen Baldurmythos mag in diesem Satz anklingen. Damit wird auf Menschheitsaufgaben hingewiesen, die auch heute noch ungelöst und unerledigt sind. Der Lichtgott Baldur wartet noch auf seine Erlösung und der gekreuzigte Christus auf seine Brüder und Schwestern.

Auch die Nahrung ist bereits in der biblischen Schöpfungsgeschichte erwähnt: Am sechsten Tag erschafft Gott den Menschen und gibt ihm »Pflanzen, die Samen bringen« und »Bäume mit Früchten (...) zur Speise« (1 Mose 29). Der Sündenfall und die Vertreibung aus dem Paradies ist die Strafe dafür, dass, verführt durch die listige Schlange, gegessen wurde, was nicht gegessen werden durfte: die Frucht vom Baum der Erkenntnis. Nun muss der Mensch selbst für die Erhaltung seines Lebens sorgen: Abel wird der erste Hirte und Kain der erste Ackermann. Die Kultivierung der physischen Nahrung beginnt und wird zunehmend verfeinert.

»Unser täglich Brot«

Licht und Nahrung kommen wiederum zur Sprache in der Geschichte von Moses im Bild des brennenden Dornbuschs, in dem ihm »der Engel des Herrn« erscheint, und im »Brot«, das bei der Wanderung durch die Wüste als Manna vom Himmel fällt – verbunden mit der Aufforderung, zu glauben und zu vertrauen. Weil »der Mensch nicht lebt vom Brot allein, sondern von allem, was aus dem Mund des Herrn geht« (5 Mose 8, 3). Ein erster Hinweis auf unerklärbare, unverständliche und damit wundersame Ernährungsmöglichkeiten. Mit denselben Worten aus dem Alten Testament wehrt Christus nach seiner vierzigtägigen »Fastenzeit« in der Wüste auch die Versuchung des Teufels ab, der von ihm das Wunder der Verwandlung von Steinen zu Brot fordert. Später erfolgt dieses »Brotwunder« dann mehrmals, aber aus anderem Anlass und mit anderen Intentionen: Bei der »Speisung der Fünftausend« etwa (Mt. 14, 19–20) werden auf wundersame Weise alle fünftausend Anwesenden mit nur fünf Broten und zwei Fischen gesättigt.

In diesem Zusammenhang lohnt es sich, die Bitte um »das tägliche Brot« im Vaterunser näher zu betrachten. Neil Douglas-Klotz (1992) weist darauf hin, dass die Umgangssprache zur Zeit Christi das Aramäische war, das als Verkehrssprache von fast allen Menschen im Vorderen Orient, weit über das Gebiet des heutigen Palästina hinaus, gesprochen und verstanden wurde. Die »Originaltexte« der Evangelien griechischen oder gar lateinischen Ursprungs sind daher insofern mit Vorsicht zu geniessen, als die aramäische Sprache mit ihrem starken Bezug zur Natur und dem integralen Gefühl für die Welt und alle Lebewesen eine völlig andere Grundlage hat als das dialektische und rationale Griechisch oder gar das Latein. Dies führt er am Beispiel des Vaterunsers und der Seligpreisungen näher aus und kann dadurch diese Texte dem Leser in einem neuen, umfassenderen Verständnis zuführen. So kann zum Beispiel dasselbe Wort *schem* als *schemaja* mit »Himmel«, wie in der ersten Zeile des Vaterunsers, oder mit »Name«, wie in der zweiten Zeile, oder generell mit »Licht«, »Klang« oder »Erfahrung« übersetzt werden. Zur Bitte »Unser täglich Brot gib uns heute« (aramäisch: *Hawvlan lachma d'sunkanan jaomana*) ist festzuhalten, dass das aramäische Wort *lachma* mit »Brot« korrekt übersetzt wurde. Nur kann sich das aramäische Wort für Brot ebenso auf jegliche andere Nahrung – auch rein geistiger Art – beziehen und ebenso »heilige Weisheit« bedeuten. Das heißt, dass im Aramäischen die Worte für »Lichtnahrung«, »Geistesnahrung« und »Brotnahrung« ineinander fließen und Unterscheidungen, die wir sprachlich machen und machen müssen, überhaupt nicht gemacht werden können und gemacht werden wollen.

In diesem Sinne erschließt sich auch die Bedeutung der Unterscheidung von materiell-physischem Brunnenwasser und »lebendigem Wasser« in der Schilderung der Begegnung mit der Samariterin (Joh. 4, 1–34), von materiell-physischem Brot und dem »Brot des Lebens«, wenn Christus etwa zu seinen Jüngern sagt: »Eure Väter haben in der Wüste das Manna gegessen und sind gestorben. Dies ist das Brot, das vom Himmel kommt, damit, wer davon isst, nicht sterbe. Wer mein Fleisch isst und mein Blut trinkt, der hat das ewige Leben.«

Im Abendmahl vollzieht sich schließlich die Verwandlung von Brot und Wein zu den Kräften des Leibes und des Blutes Christi und damit zum ewigen Leben beispielhaft für alle künftigen Zeiten (Mt. 26, 17–30). Damit sind die finsteren Mächte überwunden bzw. überwindbar, was den Apostel Paulus die erlösenden Worte finden lässt: »Tod, wo ist dein Stachel? Hölle, wo ist dein Sieg?«

Die Kommunion als Erklärungsmodell

Aus der Kommunion im Sinne einer geistig-physischen Ernährung lassen sich als geisteswissenschaftliches Erklärungsmodell wichtige Anregungen entnehmen. Wir sind, bedingt durch die Erfahrung beengender oder dogmatischer kirchlicher Traditionen, vielleicht einfach zu wenig offen, als moderner wissenschaftlicher Zeitgenosse dieses »Mysterium« als eine These einzubeziehen. Denn es könnte doch sein, dass die »Auferstehungsleiblichkeit« bis hin zur physischen Konstitution des Individuums verändernd einwirken kann durch eine »ernährende Kommunion«, die sich auch außerhalb kirchlicher Tradition ereignen kann. Denn weder »Geist« noch »Auferstehungskräfte« lassen sich durch Menschen festlegen, sondern haben ihre eigenen Gesetzmäßigkeiten und Wirkungsweisen.

Es seien hier Gedanken angeführt, die – formuliert in der christlich-religiösen Terminologie – zum Ausdruck bringen, was hinter der Idee der Transubstantiation und Kommunion steckt (Frieling 1975):»Wird der Christus dahinein aufgenommen, so durchdringt die verwandelnde Wirkung nach und nach den ganzen Menschen und erreicht schließlich auch seine Leibestiefen. ›Ist jemand in Christo, so ist er eine neue Kreatur‹ (Ktisis, Schöpfung, 2. Kor. 5, 17). Dass es sich um eine solche, den ganzen Menschen ergreifende Wesens-Einigung im Christwerden handelt, um das Aufnehmen eines ganz konkreten Wesenseinflusses, kommt in dem Heiligen Mahl zum Ausdruck, das in der Christenheit von jeher gefeiert wurde (Apg. 2, 46). In dem johanneischen Speisungskapitel, das wie eine Vorverkündigung des Abendmahlsgeheimnisses anmutet, gerade ein Jahr vor Golgatha, ist das Verhältnis des Christen zu dem Christus auf die kürzeste Formel gebracht: ›Wer mich isset‹ (6, 57). Die Vereinigung beginnt im Geistig-Seelischen, aber je mehr sie fortschreitet, desto tiefer dringt sie in die darunterliegenden Schichten des Menschenwesens ein und erreicht schließlich auch die Leiblichkeit. Die frühchristlichen Menschen haben es lebensvoll empfunden, dass sie durch Brot und Wein des Abendmahles in Verbindung kamen mit dem Auferstehungsleib des Christus, die Kommunion war ihnen ›pharmakon athanasias‹, Heilmittel zur Todlosigkeit (Ignatiusbrief an die Epheser XX).«

Das Licht selbst wurde von den Menschen immer und überall mit großer Dankbarkeit und Verehrung wahrgenommen und gewürdigt. Im eigenen Erleben von Wärme und Heilung, in der Betrachtung der Natur und dem Wachsen und Gedeihen von Pflanze und Tier, im Erleben des Wetters und des Wechsels von Tag und Nacht wurde die Bedeutung des Sonnenlichts erfahren und als Ausgangspunkt höherer Schöpferkraft erkannt. Dies Jahrtausende bevor die Wissenschaft mit der Entdeckung der Photosynthese der Pflanzen den Übergang des Anorganischen, des Toten, zum Organischen, Belebten, mit der Verwandlung von Kohlensäure und Sauerstoff zum lebenswichtigen Zucker und seinen Folgeprodukten gefunden hat.

»Theoretisch wissen wir spätestens seit der Entwicklung der Quantentheorie, dass Licht und Materie im Grunde verschiedene Zustände des Gleichen sind. Und schon seit der Entdeckung der Photosynthese ist uns bekannt, dass mit Sonnenlicht aus CO_2 und H_2O Stärke, das heißt feste Materie beziehungsweise Nahrung hergestellt werden kann, auch wenn wir diesen Vorgang wissenschaftlich bis heute nicht in allen Einzelheiten verstehen.«
(PD Dr. med. Jakob Bösch)

Für die moderne Physik ist das Phänomen »Licht« allerdings bis heute ein Rätsel und nicht eindeutig definierbar. Und auch das ist bezeichnend, steht das Licht doch offensichtlich wie ein Wächter und Bote an der Grenze zwischen Physik und Metaphysik. Arthur Zajonc, Physikprofessor und renommierter Spezialist für Quantenphysik, hat sich diesem Thema eingehend in dem Buch »Die gemeinsame Geschichte von Licht und Bewusstsein« gewidmet. Darin geht er auch auf die »Lichtmetaphysik« von Rudolf Steiner ein, die den Zusammenhang der natürlichen mit der geistig-moralischen Welt beinhaltet (Zajonc 1994).

Die Frage nach Licht und Nahrung im Sinne einer Alternative geht sicherlich am Wesentlichen vorbei, denn auch die Frage: »Brot oder Licht?« beantwortet sich am besten mit dem bekannten Ausspruch des mittelalterlichen Mystikers Angelus Silesius:

»Das Brot allein ernährt uns nicht. Was uns im Brote speist, ist Gottes ewiges Wort, ist Leben und ist Geist!«

Zum Ausklang

»Möge die Idee des Reinen, die sich bis auf den Bissen erstreckt,
den ich in dem Mund nehme, immer lichter werden.«
(J. W. Goethe)

Zum Schluss noch einige besinnliche Gedanken. Unsere Zeit wird wieder zu einer neuen Innerlichkeit, zu einer freien und nicht an Konfessionen gebundenen Religiosität, zu einem wahren Empfinden der Weltzusammenhänge und zu einer spirituell erweiterten Wissenschaft finden müssen, wenn wir aus der aktuellen »Sackgasse« herausfinden wollen. Die geistige Welt rüttelt uns durch verschiedene Ereignisse und Phänomene auf, damit wir nicht in unseren gewohnheitsmäßigen Vorstellungen stecken bleiben. Vielleicht beginnt alles mit Staunen und Verehrung, ohne dass das kritische Unterscheidungsvermögen dabei vernachlässigt werden soll.

»Denn alles Wissen muss in gewisser Weise zum Samenkorn das Staunen haben.« (Rudolf Steiner)

Leben wir nicht inmitten eines Meeres von Lebenskräften? Wie der Fisch im Ozean bewegen wir uns in einem »Äthermeer« und bemerken es nicht. Die Kraft des Vertrauens in diese geistige Welt, die Offenheit gegenüber der Ernährung durch geistige Kräfte, die Suche nach der Begegnung mit den guten Wesen, die in dieser Welt ihre Heimat haben, bringen besondere, nicht irdische Kräfte in unsere Welt hinein. Es geht nicht darum, nicht mehr zu essen, sondern sich nicht abzuschließen durch materielle Vorstellungen über Ernährung und über Energie- und Lebensaufnahme. Könnte es nicht sein, dass für uns alle ein unendliches Reservoir an Energie und Lebenskräften zur Verfügung steht, vor dem wir uns nur durch unser limitiertes Welt- und Menschenbild verschließen? Diese Kräfte sind darauf angewiesen, dass wir ihnen bewusst und in Freiheit Raum geben, dass wir sie einladen, in uns Raum zu nehmen, und ihnen um uns Raum geben. Denn es sind Kräfte von Lebewesen, ausgehend von der Quelle des Ur-Wesens, welches den

Tod überwand und »wiederkommt in den Wolken« (das heißt wirkend wie ein lebensspendender ernährender Regen) und das von sich sagt: »Ich bin das Leben!« (Heidenreich 1990; Stöckli 1991).

»Unsere tägliche Geistnahrung gib uns heute
Du nahest uns im Brot,
Du nahst in Wasser, Luft und Licht.
O gib, dass wir es täglich reiner schauen,
Wie Götterkräfte unsern Leib erbauen,
Dass dankend unsre Hand es bricht,
Dass unser Mund es wissend spricht:
Du nahest uns im Brot,
Du nahst in Wasser, Luft und Licht.«
(Martin Rothe)

Es ist an der Zeit, dass wir unser Menschen- und Weltbild erweitern und ergänzen und wo nötig das bestehende radikal in Frage zu stellen bereit sind. Das heutige Weltbild ist historisch gewachsen und wird sich weiter entwickeln – und wir können Teil dieser Entwicklung sein. Und wenn dieses Buch dazu einen Anstoß geben konnte, dann hat es seinen Zweck erfüllt.

»Ecce homo
Ja! Ich weiß, woher ich stamme!
Ungesättigt gleich der Flamme
Glühe und verzehr ich mich.
Licht wird alles, was ich fasse,
Kohle alles, was ich lasse:
Flamme bin ich sicherlich.«
(Friedrich Nietzsche, Gedichte)

Nachwort

Die Idee, gemeinsam als Autorenteam ein Buch über das Phänomen der Lichtnahrung zu schreiben, ergab sich konsequenterweise schon sehr bald nach der Arbeit an einem Artikel zu diesem Thema für die Wochenschrift des Goetheanum. Die dabei erfahrene gute und unkomplizierte Zusammenarbeit und vor allem das allenthalben laut werdende Bedürfnis und die ständige Nachfrage nach weiterführender Information beförderten die Entscheidung.

Das Konzept stand uns von Anfang an klar und deutlich vor Augen. Die notwendige Theorie, soweit vorhanden und so gut vermittelbar, hauptsächlich aber viel praktische Information zum Hintergrund und zur Durchführung der Nahrungsumstellung anhand gelebter und erlebter Erfahrungen sollten nachvollziehbar zusammengestellt werden. Dabei kamen mir die in vielen Vorträgen zum Thema Lichtnahrung gesammelten Erfahrungen sehr zugute, denn dabei erlebte ich immer wieder das große Bedürfnis, bereits vorhandene oder während des Vortrags entstandene Fragen zu stellen und möglichst eine Antwort darauf zu bekommen. Viele verständliche Anliegen mussten und müssen dabei auch heute noch enttäuscht werden. Es gibt immer noch zu viele Fragen, die wir nicht beantworten können oder nicht oberflächlich intellektuell oder theoretisch besserwisserisch abtun wollen. Lieber sagen wir dann, das wissen wir nicht, oder schweigen.

Bei der Darstellung der praktischen Erfahrungen kamen mir dankenswerterweise die Menschen zur Hilfe, die ich größtenteils auf ihrer Reise durch ihren 21-Tage-Prozess begleiten durfte und die mit ihren ganz individuellen und persönlichen Erfahrungen das notwendige Spektrum an Vielseitigkeit bereichern halfen. Diesen Menschen an dieser Stelle einen ganz herzlichen und lieben Dank dafür.

Als Naturwissenschafter war es mir von Anfang an ein großes persönliches Anliegen, die Zusammenhänge zum Thema Lichtnahrung möglichst klar, logisch und auch wissenschaftlich darzustellen. Die Durchführung einer wissenschaftlichen Untersuchung ist dabei immer mein ernstes Anliegen und mein Wunsch gewesen. Die Studie selbst, über die wir im Rahmen unserer Möglichkeiten in diesem Buch berichtet haben, verlief alles in allem nicht so, wie ich es erwartet hatte. Während der zehntägigen Beobachtungs- und Untersuchungszeit verlor ich als Proband, warum auch immer, an Gewicht, so dass die Kritiker nun mit gewissen Recht argumentieren können: »Das ist ein guter Hungerkünstler, aber letztlich hat er doch nur gefastet!«

Wir geben aber nicht auf und werden die notwendigen und sinnvollen medizinisch-wissenschaftlichen Untersuchungen so schnell und so gut es geht wieder aufgreifen und versuchen, aus den Fehlern beim Konzipieren der ersten Studie – was die ganze Anlage und Umstände der Studie betrifft – die richtigen Konsequenzen zu ziehen. Es müsste eine strenge und sicher messbare Kontrolle geben, ohne dass ich wie ein Schwerkranker oder ein Schwerverbrecher in eine Isolierzelle gesperrt werde, wo die Umgebung die »Lebensnahrung« bzw. »Lichtnahrung« nur in eingeschränktem Maße abgeben kann. Dabei hoffen wir auch weiterhin auf die wohlwollende Unterstützung vieler Spender und engagierter, mutiger Helfer, die für solche ungewöhnlichen Aktionen benötigt werden.

Die Hinwendung zu dem Phänomen der Lichtnahrung und das Leben mit Lichternährung ist sicherlich einer von vielen Versuchen, die Möglichkeiten, die einem jedem Menschen heute gegeben sind oder die er sich für das Leben selbst zugestanden hat, voll oder zumindest besser auszuschöpfen. Dabei kommt es überhaupt nicht darauf an, dass man seine Ernährung auf ausschließliche Lichtnahrung umstellt, sondern vielmehr darauf, dass man zum Beispiel während des 21-Tage-Prozesses erlebt, welchen Stellenwert die physische Nahrung eigentlich hat.

Von den Menschen, die den 21-Tage-Prozess gemacht haben und die ich persönlich kenne, haben die meisten danach früher oder später wieder angefangen zu essen. Das hat natürlich die verschiedensten, ganz individuellen Gründe. Liebe Gewohnheit, sozialer Druck, Appetit usw., auch eine gewisse Kraftlosigkeit am Ende des 21-Tage-Prozesses kann Anlass sein, sich dem Essen und Trinken wieder zuzuwenden. Manchmal kann es sein, dass diese Menschen dann von sich selbst oder von dem Prozess enttäuscht sind. Ich sehe darin aber überhaupt kein Problem, denn der 21-Tage-Prozess ist selbst nur der Anfang eines Prozesses zur Lichternährung, und wie weit man in den 21 Tagen kommt, ist natürlich ganz individuell. Ich kenne niemanden, der den Prozess während der 21 Tage abgebrochen hat oder durch die 21 Tage einen offensichtlichen Schaden genommen hat, und auch niemanden, der es bereut hat, diesen Prozess durchgeführt zu haben. Im Gegenteil, er wurde immer als ein schönes, wichtiges und interessantes Erlebnis einmaliger Art beschrieben.

Ich rate jedem Menschen, der diesen Prozess durchlaufen will, dieses Unterfangen mit allem gebotenen Ernst und in eigenverantwortlicher Selbstprüfung, aber zugleich auch locker und unbefangen anzugehen. Es geht primär nicht um Essen und Trinken, sondern um unsere Erfahrungen und unseren Umgang damit. Wir sind durch unsere Erziehung und Kultur auf Entweder-Oder-Situationen trainiert, und das ist meistens falsch und hinderlich. Im Zusammenhang mit einer Ernährungsumstellung auf Lichtnahrung ist ein Wechsel zwischen zeitweiligem Essen und Nichtessen in einem Rhythmus des Sowohl-als-auch sicherlich in vielen Fällen ein natürlicher, sicherer und angemessener Weg. So kann man anschließend freier und bewusster mit der Nahrung und der Ernährung umgehen und jederzeit die Verhaltensweise suchen und wählen, die in der eigenen ganz persönlichen Lebenssituation die momentan richtige und angemessene ist.

Dieses Buch erhebt keinen Anspruch auf Vollständigkeit, und vieles darin wird in Zukunft verbessert, gestrichen, ergänzt oder umformuliert werden. Wir hoffen dennoch, dass die vorliegenden Ausführungen den offensichtlichen Bedarf vieler Menschen nach sachlicher und verbindlicher Information zu dem Thema Lichtnahrung halbwegs erfüllen können. Das schließt natürlich in keiner Weise aus, dass man nach oder bei der Lektüre dieses Buches erkennt, dass man weiterhin mit unbeantworteten Fragen leben muss, möglicherweise mehr als vorher.

Michael Werner

Zu den Autoren

Michael Werner
geboren 1949 in Braunschweig, Dr. der Chemie. Sieben Jahre Tätigkeit in der chemischen Industrie, dann ein Jahr pharmazeutische Tätigkeit in Südafrika. Drei Jahre Lehrer für Chemie und Biologie an einer Waldorfschule. Seit fünfzehn Jahren Betriebsleiter eines in der Krebsforschung tätigen Instituts in Arlesheim/Baselland. Er ist seit über dreißig Jahren mit der Anthroposophie Rudolf Steiners verbunden und beschäftigt sich zudem mit den gängigen Konzepten derzeitiger spiritueller Strömungen. Ausgelöst durch die von Thomas Stöckli publizierten Artikel über ihn, begann er eine zunehmende Vortragstätigkeit und eine rege Korrespondenz mit Menschen, die sich mit dem Thema der Lichtnahrung befassen.

Thomas Stöckli
geboren 1951, verheiratet, Vater von drei Kindern. Freier Journalist, Mittelschullehrer und Dozent in der Lehrerbildung sowie in der pädagogischen Forschung. Beschäftigt sich seit über fünfundzwanzig Jahren mit Fragen neuer spiritueller Energien und Bewusstseinsschulung sowie im Speziellen mit der Frage der Christusbegegnung in unserer Zeit. Zahlreiche Artikel und diverse Bücher zum Thema. Es ist ihm ein Anliegen, die Anthroposophie mit der modernen Lebenspraxis und einer zeitgemäßen Wissenschaftlichkeit zu verbinden, dabei auch zu einem undogmatischen Wissenschaftsverständnis beizutragen und heutige spirituelle Phänomene und Erfahrungen mit »kritischer Offenheit« einzubeziehen.
Er lernte Michael Werner anlässlich eines Interviews kennen. Seit mehreren Jahren intensive Auseinandersetzung mit dem Phänomen Lichtnahrung sowie mit der Person Michael Werner.

Literaturverzeichnis

Aretin, Erwin Freiherr von: Die Sühneseele von Konnersreuth, Gröbenzell bei München: Verlag Siegfried Hacker
Arzt, Thomas et al. (Hg.): Unus Mundus – Kosmos und Sympathie, Frankfurt am Main: Verlag Peter Lang 1992
Balsekar, Ramesh S.: Erleuchtende Gespräche, Freiburg: Verlag Alf Lüchow 1994
Bartel, Albert A.: »Sie wurden zu menschlichen Pflanzen. Überraschende Erklärung für das Phänomen der Nahrungslosigkeit«, in: *esotera* 11(1976): 1020–1029
Bischof, Marco: Tachyonen, Orgonenergie, Skalarwellen. Feinstoffliche Felder zwischen Mythos und Wissenschaft, Aarau: AT Verlag 2002
Bösch, Jakob: Spirituelles Heilen und Schulmedizin, Bern: Buchverlag Lokwort 2002
Douglas-Klotz, Neil: Das Vaterunser, München: Knaur 1992
Dürr, Hanns-Peter, Oesterreicher M.: Wir erleben mehr als wir begreifen, Freiburg i. Br.: Verlag Herder 2001
Franz, Marie Louise von: Zahl und Zeit, Stuttgart: Ernst Klett Verlag 1970; 1988
Frieling, Rudolf: Christentum und Wiederverkörperung, Stuttgart: Urachhaus Verlag 1975
Heidenreich Alfred: Die Erscheinung des Christus in der ätherischen Welt, Dornach, Verlag am Goetheanum 1990
Hemleben, Johannes: Niklaus von Flüe, Frauenfeld: Verlag Huber 1977
Jahn, R. G.: »Information, Consciousness and Health«, in: *Alternative Therapies* 2/3(1996): 32–38
Janetzko, Stephen: »Nahrungslosigkeit gestern und heute. Ein historischer Kurzüberblick und erste wissenschaftliche Erklärungsversuche«, in: *ELRAANIS – Magazin für Lichtnahrung, Lichtarbeit und Spiritualität*, 3(1998): 60–61, Berlin 1998
Janetzko, Stephen: »Rohe Kost für feine Sinne«, in: *esotera* 11(1996): 54–57
Jasmuheen: Lichtnahrung. Die Nahrungsquelle für das kommende Jahrtausend, Burgrain: KoHa Verlag 1997 (7. Aufl. 2003)
Jasmueen u. a.: Der Lichtnahrungsprozess. Erfahrungsberichte, Burgrain: KoHa Verlag 1998
Jung, C. G.: »Mysterium Conjunctionis« (1955/56), in: Gesammelte Werke, Bd. 14/II, Olten: Walter Verlag 1967

Jung, C. G.: Psychologie und Alchemie, Olten/Freiburg i. Br.: Walter
    Verlag 1975
Lüpke, Geseko von: Politik des Herzens, Engerda: Arun Verlag 2003
Merkl, Georg: Geflüster aus dem Kosmos, Vortrag, im Internet unter:
    http://ourworld.compuserve.com/homepages/MEngmann/sumer3.htm
Pauli, Wolfgang und Jung, C. G.: Naturerklärung und Psyche, Zürich:
    Rascher Verlag 1952
Possin, Roland: Die Stimme des Körpers. Ernährung im Einklang mit der
    inneren Führung, Bergisch Gladbach: Bastei-Lübbe 1998
Sri Aurobindo: Die Bhagavadgita, Freiburg i. Br.: Verlag Herder Spektrum
    1992
Steiner, Johannes: Therese Neumann von Konnersreuth. Ein Lebensbild
    nach authentischen Berichten, Tagebüchern und Dokumenten,
    München/Zürich: Schnell & Steiner 1988
Steiner, Johannes: Visionen der Therese Neumann, München/Zürich:
    Schnell & Steiner 1977
Steiner, Rudolf: Die Offenbarungen des Karma, Dornach: Rudolf Steiner
    Verlag, 8. Aufl. 1992
Steiner, Rudolf: Geisteswissenschaftliche Grundlagen zum Gedeihen der
    Landwirtschaft, Dornach: Rudolf Steiner Verlag, 8. Aufl. 1999
Steiner, Rudolf: Rhythmen im Kosmos und im Menschenwesen, Dornach:
    Rudolf Steiner Verlag, 3. Aufl. 1991
Stöckli, Thomas: »Der Mensch lebt nicht nur vom Brot allein«,
    Das Goetheanum, 34/35(2002): 626
Stöckli, Thomas: Wege zur Christus-Erfahrung. Das Ätherische Christus-
    wirken, Dornach: Verlag am Goetheanum 1991
Vandereycken W. et al.: Hungerkünstler, Fastenwunder, Magersucht,
    München: dtv 1992
Warnke U.: Gehirn-Magie, Saarbrücken: Popular Academic Verlag 1997
Wegman, Ita: in *Naturata*, Jg. 1927–1928
Yogananda, Paramahansa: Autobiographie eines Yogi, München: O. W.
    Barth 1997
Zajonc, Arthur: Die gemeinsame Geschichte von Licht und Bewusstsein,
    Hamburg: Rowohlt 1994